能效服务应知应会百问

《能效服务应知应会百问》编委会　编

合肥工業大學出版社

前　　言

能源是经济社会发展的重要物质基础。近年来，我国能源行业快速发展，已成为全球最大的能源生产国、消费国，有力支撑了经济社会发展。同时我们应该看到，我国能源结构长期以煤为主，油气对外依存度高，是全球最大的碳排放国家，能源清洁低碳转型要求紧迫。2014 年，习近平总书记创造性地提出了“四个革命、一个合作”的能源安全新战略，为我国新时代能源发展提供了根本遵循，擘画了中国能源改革发展的宏伟蓝图。

2020 年 9 月，习近平总书记在第七十五届联合国大会一般性辩论上指出，中国将提高国家自主贡献力度，采取更加有力的政策和措施，二氧化碳排放力争于 2030 年前达到峰值，努力争取 2060 年前实现碳中和。实现碳达峰碳中和是我国向世界作出的庄严承诺，也是一场广泛而深刻的经济社会变革。在这场变革中，能源是主战场，电力是主力军。

2021年3月，习近平总书记提出“构建以新能源为主体的新型电力系统”，为中国电力系统转型升级指明了方向，也为全球电力可持续发展提供了中国方案。2022年10月，习近平总书记在党的二十大报告中提出，“加快规划建设新型能源体系”。

2023年，习近平总书记在全国生态环境保护大会上强调，要加快推动发展方式绿色低碳转型，坚持把绿色低碳发展作为解决生态环境问题的治本之策，加快形成绿色生产方式和生活方式，厚植高质量发展的绿色底色。要积极稳妥推进碳达峰碳中和，坚持全国统筹、节约优先、双轮驱动、内外畅通、防范风险的原则，落实好碳达峰碳中和“1+N”政策体系，构建清洁低碳安全高效的能源体系，加快构建新型电力系统，提升国家油气安全保障能力。截至2023年底，我国风电、光伏发电装机规模较10年前增长10倍，新增清洁能源发电量占全社会用电增量一半以上。

作为关系国家能源安全和国民经济命脉的特大型国有重点骨干企业，国家电网有限公司坚决贯彻落实党中央、国务院决策部署，坚持清洁低碳是方向、能源保供是基础、能源安全是关键、能源独立是根本、能源创新是动力、节能提效要助力等原则，充分发挥“大国重器”和“顶梁柱”作用，推动构建新型电力系统，争当能源革命的推动者、先行者、引领者，努力实现更高质量、更有效率、更可持续、更为安全的发展，更好服务碳达峰碳中和目标。

本书从能源供应的清洁化、能源消费的电气化、能源利用的高效化、能源配置的智能化和能源服务的多元化角度论述了能源供给、电能替代、能效提升、能源信息化和综合能源服务等内容。本书的特点是理论联系实际，通过问答方式对能源消费过程中常见的技术、设备、应用等要素进行整合，其适合作为从业人员在职培训及自学指导用书。

作 者

2024 年 10 月

目　录

1. 综合能源服务是什么?

答: 综合能源服务即综合能源供应、消费和综合能源服务，包含能源商品销售和能源服务销售，涉及能源规划设计、工程投资建设、能源系统运营服务及投融资服务等方面。

由于综合能源服务符合国家能源安全发展新战略，其逐渐成为能源市场竞争和合作的焦点，传统能源企业、能源服务商都在积极策划拓展综合能源服务市场。

2. 综合能源服务产生的背景是什么?

答: 从根本上来说，综合能源服务的出现既有社会需求的外部驱动，也有技术创新的内在动力。

一方面，“双碳”目标、节能减排的社会共识及多元化的用户需求催生了庞大的能源服务市场。资源和环境问题已成为全社会关注的热点，绿色低碳发展也成为能源转型方向，其催生了绿电消费、节能改造、能效服务等一系列综合能源服务。同时，个性化、多样化的客户需求需要以客户为中心提供多元化能源服务。综合能源服务市场潜力巨大。

另一方面，能源技术、信息技术的发展，使得能源之间的互联、能源和信息的融合进一步加强，为发展综合能源服务提供了新的可能。新能源发电技术、热电联供技术、储能技术的发展为能源企业延伸产业链、供应多种能源产品提供了可能。

3. 我国为什么要开展综合能源服务？

答： 我国正处于能源转型的关键时期，企业能源利用效率低、能源成本高等问题十分突出。综合能源服务可以提高企业能效、降低投资运营成本，有利于推进能源供给侧改革，进一步提升能源相关产业的国际竞争力。采取综合能源服务的方式能有效缩短能源链、降低用能和服务成本。当前，推动我国综合能源服务业的发展可以降低用能企业的用能成本，提升企业国际竞争力，提高能源安全水平，具有重要的社会意义。

4. 综合能源服务的目标客户有哪些？

答： 综合能源服务的目标客户按能源领域和能源需求的不同可分为大型公共建筑、工业企业和园区等。大型公共建筑主要包括商业综合体、酒店、医院、高校、交通枢纽、数据中心等，其在综合能效和多能服务上都有巨大的需求；部分公共建筑对于分布式供能、分布式储能也有潜在的需求。工业企业目标客户主要为用能规模大、能耗强度高的工业企业，如钢铁、冶金、采矿、造纸、水泥、陶瓷、石油、化工等行业中的高耗能企业，其对综合能效的提升、多种能源的供应、分布式能源的建设和数字化能效平台的建立等都存在极大的需求。在园区方面，各类园区往往聚集了地方大型工业用户，整体用能水平非常高。由于各自孤立、分散的用能模式会增加园区客户的能源初始投资压力和运营维护成本，因此需要优化园区布局，建设一体化冷热供应基础设施，实施多能协同供应和能源综合梯级利用，提高园区能源使用效率。

5. 国外综合能源服务发展现状如何？

答：世界各国和地区根据实际情况制定了适合自身的综合能源发展战略，包括欧洲、美国和日本等。欧洲最早提出综合能源系统概念并付诸实施，其综合能源服务侧重于能源的协同优化，实现能源系统间的耦合互动。英国政府和企业长期以来致力于建立一个安全和可持续发展的能源系统。除了国家层面的集成式电力、燃气系统，英国也大力支持社区层面的分布式综合能源系统的研究和应用。与英国相比，德国侧重于能效提升及能源系统和通信信息系统间的集成，如智能发电、智能电网、智能消费和智能储能等，旨在建设以新型信息通信技术为基础的高效能源系统，实现分布式电源和复杂用户终端负荷的智能调控。

美国作为能源消耗大国，从管理和技术上为综合能源服务发展提供了基础。在管理上，美国能源部负责相关能源政策的制定，美国能源监管机构则主要负责政府能源政策的落实，抑制能源价格的无序波动，使各类能源系统间实现较好的协调与配合。在技术上，美国非常注重与综合能源相关的理论技术的研发，于2001 年提出了综合能源系统发展计划，以促进分布式能源和冷热电三联供技术的进步和推广应用；2007 年美国颁布能源独立和安全法，要求社会主要供用能环节必须开展综合能源规划。在需求侧管理技术上，美国许多地区明确把需求侧管理、提高电力系统灵活性作为重要发展方向。

日本的能源严重依赖进口。因此，日本成为最早开展综合能源系统研究的亚洲国家。2009 年，日本政府公布了其 2020 年、2030 年和 2050 年温室气体的减排目标，将构建覆盖全国的综合能源系统，实现能源结构优化和能效提升，同时促进可再生能源规模化开发。日本主要的能源研究机构在此目标框架下开展了大量相关研究，并形成了不同的研究方案，如日本智能社区联盟，提出了社区综合能源（电力、燃气、热力、可再生能源等）服务，并在此基础上实现与交通、供水、信息和医疗系统的一体化集成。

6. 我国对综合能源服务产生深远影响的政策有哪些?

答：在国家层面，2015 年，《中共中央　国务院关于进一步深化电力体制改革的若干意见》，鼓励专业化能源服务公司与用户合作或以“合同能源管理”模式建设分布式电源。2016 年，《发展改革委　能源局　工业和信息化部关于推进“互联网+”智慧能源发展的指导意见》和《国家能源局关于组织实施“互联网+”智慧能源（能源互联网）示范项目的通知》鼓励在工业园区或者开发区开展技术试点，同时探索政策创新。同年，《国家发展改革委 国家能源局关于推进多能互补集成优化示范工程建设的实施意见》，强调创新管理体制和商业模式。2024 年，国家能源局印发《2024 年能源工作指导意见》，旨在深入贯彻落实党中央、国务院的决策部署，持续推动能源高质量发展。其涵盖了 2024 年能源工作的总体方向和重点任务，包括加强可再生能源发展、推动能源结构调整等，为综合能源服务的发展提供了政策保障和指引。

在国家电网公司层面，2017 年发布的《国家电网公司关于在各省公司开展综合能源服务业务的意见》，将综合能源服务放在更加突出的位置上，以期在输配电业务受到监管和约束的背景下，拓展战略性新兴产业，发展新的利润增长点。此后，2018 年国家电网相继发布了《国家电网公司关于坚持以客户为中心进一步提升优质服务水平的意见》《国家电网公司关于加快拓展综合能源服务市场的实施意见》《国家电网公司关于加快新兴业务企业改革发展工作举措》等政策文件，为国家电网公司发展综合能源服务提供了方向与支持。2020 年发布的《关于全面深化改革奋力攻坚突破的意见》，围绕“三型两网，世界一流”战略目标，提出了混合所有制、集团管理体制变革、电力市场建设等“三大改革攻坚”任务，旨在加快建设世界一流能源互联网企业。这一政策为国家电网公司在综合能源服务领域的布局和发展提供了总体战略方向。最新发布的《国家电网有限公司服务新能源发展报告2024》，详细介绍了国家电网公司经营区域内新能源发展情况，系统阐释了国家电网公司服务新能源发展的履责意愿，从电源并网、电网建设、调度运行、市场交易、技术创新五个方面全面梳理了公司服务新能源发展的重点举措和创新实践，并发布了服务新能源发展的国网行动和倡议。这标志着国家电网公司在综合能源服务领域，特别是新能源服务方面，迈出了坚实的步伐。

在省级层面，安徽省在需求侧管理、公共机构能效提升工作方面明确提出综合能源业务的重要性，要求通过开展综合能源业务降低用能需求、提升能效管理水平。

7.《中共中央　国务院关于进一步深化电力体制改革的若干意见》提出了哪些改革的重点任务?

答：《中共中央　国务院关于进一步深化电力体制改革的若干意见》指出，深化电力体制改革的重点和路径是在进一步完善政企分开、厂网分开、主辅分开的基础上，按照管住中间、放开两头的体制架构，有序放开输配以外的竞争性环节电价，有序向社会资本放开配售电业务，有序放开公益性和调节性以外的发用电计划；推进交易机构相对独立，规范运行；继续深化对区域电网建设和适合我国国情的输配电体制研究；进一步强化政府监管，进一步强化电力统筹规划，进一步强化电力安全高效运行和可靠供应。

推进电力体制改革的重点任务包括：

（1）有序推进电价改革，理顺电价形成机制；

（2）推进电力交易体制改革，完善市场化交易机制；

（3）建立相对独立的电力交易机构，形成公平规范的市场交易平台；

（4）推进发用电计划改革，更多发挥市场机制的作用；

（5）稳步推进售电侧改革，有序向社会资本放开配售电业务；

（6）开放电网公平接入，建立分布式电源发展新机制；

（7）加强电力统筹规划和科学监管，提高电力安全可靠水平。

8. 关于“互联网+”的系列政策对综合能源服务有何影响?

答：关于“互联网+”的系列政策促进了电力改革的进程，同时也推动了综合能源服务的发展。2015 年，《国务院关于积极推进“互联网+”行动的指导意见》将“互联网+”智慧能源纳入推进“互联网+”发展的重要行动之一。具体行动包括：推进能源生产智能化、建设分布式能源网、探索能源消费新模式和发展基于电网的通信设施与新型业务。同时其指出，要通过互联网促进能源系统扁平化，推进能源生产与消费模式革命，提高能源利用效率，推动节能减排；加强分布式能源网络建设，提高可再生能源占比，促进能源利用结构优化；加快发电设施、用电设施和电网智能化改造，提高电力系统的安全性、稳定性和可靠性。

关于“互联网+”的政策也为综合能源服务指明了发展方向。2016 年，《发家改革委　能源局　工业和信息化部关于推进“互联网+”智慧能源发展的指导意见》指出目前“互联网+”智慧能源发展的重点任务，包括加强能源互联网基础设施建设，建设能源生产消费的智能化体系、多能协同综合能源网络、与能源系统协同的信息通信基础设施；营造开放共享的能源互联网生态体系，建立新型能源市场交易体系和商业运营平台，发展分布式能源、储能和电动汽车应用、智慧用能和增值服务、绿色能源灵活交易、能源大数据服务应用等新模式和新业态；推动能源互联网关键技术攻关、核心设备研发和标准体系建设，促进能源互联网技术、标准和模式的国际应用与合作。

9. 如何解读《关于推进售电侧改革的实施意见》?

答:《关于推进售电侧改革的实施意见》(以下简称《意见》)明确了改革方向。《意见》延续了遵循《中共中央 国务院关于进一步深化电力体制改革的若干意见》的思路,明确提出向社会资本开放售电业务,多途径培育售电侧市场竞争机制,赋予用户拥有更多选择权,提升售电服务质量和用户用能水平,这标志着我国传统的电网公司单一售电模式将被打破。明确售电侧改革的目标是形成有效竞争的市场结构和市场体系,打造一个竞争性的售电市场,以促进能源资源优化配置,提高能源利用效率和清洁能源消纳水平,提高供电安全可靠性。

《意见》明确了售电侧市场主体责任及相关业务范围,培育多元化售电主体,保障电力普遍服务。

(1)规定了售电公司的准入条件,明确了市场主体的退出机制:不再实行行政审批,建立主体准入退出机制。

(2)明确了市场化的交易方式:市场主体交易方式灵活,发挥市场价格发现作用。市场主体交易方式的灵活有利于售电侧市场在建立初期平稳顺利过渡。售电市场改革可以充分发挥市场价格发现作用,放开的发用电计划部分通过市场交易形成价格,进一步指导未放开发用电计划部分的政府规定电价。

(3)加强监管的措施:建立信息披露和信用评价

机制，强化风险防范和监管。加强制度创新，建立完善的监管体系，为售电侧改革保障各市场参与主体的合法、合理权益提供强有力的监管。

《意见》指出售电侧改革将使发电企业迎接新的机遇与挑战。机遇在于发电企业可以延伸产业链条，优化资源配置，打造综合能源服务企业的同时，进一步提升企业自身的核心竞争力。而挑战在于企业竞争进一步加剧，市场风险加大，电网企业也可进入售电业务，将对其他售电市场主体形成强大的竞争优势。

10. 什么是“供电+能效”服务？

“供电+能效”服务即以供电服务为基础、以电为中心，聚焦客户用能优化，通过电能替代推进终端用能电气化，开展综合能源服务以提升全社会能效水平，实施需求响应实现电网与客户友好互动，具有经济高效、绿色智慧、多元灵活等特征的能源服务。

供电服务满足客户基本用电需求，能效服务满足客户多元用能需求，二者相辅相成。一是供电服务支撑能效服务发展。经济社会发展推动客户用能升级，个性化、差异化需求日益凸显，而电是多种能源转换的核心，电网具有枢纽平台作用，优质的供电服务成为发展能效服务、满足客户深层次用能需求的坚实基础。二是能效服务提升供电服务能力。电是高效的二次能源，开展能效服务不仅能够拉动售电量增长，而且能够促进用户侧资源与电网友好互动，助力电力系统经济安全可靠运行，带动供电业务高质量发展。

11.《国家能源局关于组织实施“互联网+”智慧能源（能源互联网）示范项目的通知》中鼓励的建设内容有哪些?

答：《国家能源局关于组织实施“互联网+”智慧能源（能源互联网）示范项目的通知》指出，鼓励利用互联网手段，在大型建筑、园区、岛屿、城镇等不同规模范围内，特别是新建区和用能扩容区开展能源互联网技术应用、商业模式和政策创新试点，包括且不局限于以下方面：多能协同能源网络的优化建设与协同运营、绿色能源的多样化利用与互联网化交易、绿色货币与绿色证书等能源衍生品的交易运营管理、电动汽车与储能的互联网化运营、智慧用能及增值服务、需求侧响应及辅助服务等灵活性资源的市场化运营、基于互联网的第三方综合能源服务、能源大数据应用服务，以及其他具有经济、环境和社会价值的各类场景；鼓励利用互联网理念，积极探索能源互联网与农业、工业、交通、商业、体育、教育等不同行业融合发展的新途径。其中，鼓励建设的具体项目包括园区能源互联网试点示范、城市能源互联网综合示范区、跨地区多能协同及包括基于电动汽车的能源互联网试点示范、基于灵活性资源的能源互联网试点示范、基于智慧用能的能源互联网试点示范、基于绿色能源灵活交易的能源互联网试点示范、基于行业融合的能源互联网试点示范。

12. 节能环保政策对综合能源服务有哪些影响?

答:《国务院关于印发“十三五”节能减排综合工作方案的通知》及《北方地区冬季清洁取暖规划(2017—2021)》是两个重要的环保政策。《国务院关于印发“十三五”节能减排综合工作方案的通知》在总体要求中明确提出要以提高能源利用效率和改善生态环境质量为目标,以推进供给侧结构性改革和实施创新驱动发展战略为动力,坚持政府主导、企业主体、市场驱动、社会参与,加快建设资源节约型、环境友好型社会,确保完成“十三五”节能减排约束性目标。《国务院关于印发“十三五”节能减排综合工作方案的通知》提到“十三五”期间的任务之一为推动能源结构优化。加强煤炭安全绿色开发和清洁高效利用,推广使用优质煤、洁净型煤,推进煤改气、煤改电,鼓励利用可再生能源、天然气、电力等优质能源替代燃煤使用。这为综合能源服务提供了广阔的发展空间。例如,我国西北地区可再生能源丰富,适合推进以风光水火储多能互补系统为主的综合能源服务建设。同时,《国务院关于印发“十三五”

节能减排综合工作方案的通知》提到推行合同能源管理模式，取消节能服务公司审核备案制度，落实节能服务公司税收优惠政策，鼓励各级政府加大对合同能源管理的支持力度。这为综合能源服务企业提供了强有力的政策支持。《北方地区冬季清洁取暖规划（2017—2021）》提出计划到2021年，北方地区清洁取暖率达到70%，替代散烧煤（含低效小锅炉用煤）1.5亿吨。而我国北方地区电力、钢铁、水泥、有色金属、石化等行业仍有约3亿吨标准煤低品位余热资源尚未利用。实践表明，工业低品位余热供暖的热源成本远低于燃煤和天然气供暖，在经济和技术上均具有较好的可行性。这也为综合能源服务提供了很好的增长角度。

《国务院关于印发“十四五”节能减排综合工作方案的通知》以习近平新时代中国特色社会主义思想为指导，全面贯彻党的十九大和十九届历次全会精神，深入贯彻习近平生态文明思想，旨在推动节能减排，加快建立健全绿色低碳循环发展经济体系，推进经济社会发展全面绿色转型，助力实现碳达峰碳中和目标。计划到2025年，全国单位国内生产总值能源消耗比2020年下降13.5%，能源消费总量得到合理控制；化学需氧量、氨氮化物、氮氧化物、挥发性有机物排放总量比2020年分别下降8%、8%、10%以上、10%以上。同时，节能减排政策机制将更加健全，重点行业能源利用效率和主要污染物排放控制基本达到国际先进水平，经济社会发展绿色转型取得显著成效。方案还强调了完善节能减排政策机制的重要性，包括实施能源消费强度和总量双控制度、主要污染物排放总量控制制度等。同时，通过健全法律法规、加强监管能力建设、完善经济政策等手段，推动节能减排工作深入开展。

节能减排综合工作方案是一个全面、系统、具有前瞻性的规划，旨在通过实施一系列重点工程和政策措施，推动经济社会发展全面绿色转型，助力实现碳达峰碳中和目标。

13. 新形势下电网企业为何要开展综合能源服务业务？

答： 开展综合能源服务是迎接能源革命和绿色发展的必然趋势。目前，国内能源供应体系不能满足日益增长的能源多元供给需求，能源发展正进入从总量扩张向提质增效转变的全新阶段；同时，国家积极推进生态文明建设，促进经济社会发展方式的绿色低碳转型。这对传统能源服务提出了转型的挑战，催生了综合能源服务这种新的服务模式。发展以新能源和可再生能源为主体的高效、清洁、低碳的新型能源服务体系，有利于实现经济社会与资源环境的协调和可持续发展，更是增加能源公共服务、提升服务水准、最终惠及全体人民的需要。开展综合能源服务是承载能源互联网技术应用的必然产物。能源互联网已被列入“互联网+”发展内容，能源互联网的应用和发展会打破现有的能源体制，从而推动能源体制变革和能源结构调整。能源互联网技术与信息技术、数字技术深度融合，同时把横向的多能互补和纵向的源、网、荷、储等结合起来，能够有力地推动我国能源服务格局向智慧化变革。开展综合能源服务是电力企业响应市场化改革的必然选择。新一轮的电力体制改革目标是建设统一开放、竞争有序的电力市场体系，还原电力商品属性。电力改革增加了用户对中间环节的可选择性，促使电网企业由单纯的电力供应商向综合能源服务公司转型，参与国家放开的竞争业务领域。从企业自身发展的角度来看，开展综合能源服务有多方面的价值，如有助于节能增效、降低供能成本；有助于增加客户黏性，巩固和拓展用户群体；有助于拓展业务范围，获得新的利润增长点。

14. 我国综合能源服务的市场规模有多大?

答：国内综合能源服务尚处于起步阶段。目前，开展综合能源服务的企业类型包括能源企业、售电公司、服务公司和技术公司等。传统能源产业包括电力企业、电网企业、燃气企业、设备商、节能服务公司、系统集成商及专业设计院等，它们都在策划综合能源服务转型。国内典型的综合能源服务供应商，有国家电网公司旗下的各省份综合能源股份服务有限公司、南方电网公司旗下的南方电网能源股份有限公司、广东电网能源投资有限公司，以及华电福新能源股份有限公司、新奥泛能网、协鑫分布式微能源网、远景能源有限公司、阿里云新能源等。

综合能源服务市场潜力巨大，如果仅仅考虑供电、供气、北方城镇供热、分布式光伏、节能服务、微电网、储能七个主要的业务领域，则能源服务目前市场潜力为7万亿~8万亿元，到2025年能源服务市场潜力为10万亿~15万亿元。综合能源服务企业作为具有革命意义的新兴市场力量，将同许多专项能源服务企业一起，充分挖掘综合能源服务市场巨大的潜力。

15. 综合能源服务的基础商业模式有哪些？

答：综合能源服务的基础商业模式包括售电折扣模式、互联网售电服务模式、供销合作社模式、虚拟电厂包月售电模式等。

售电折扣模式：为了更好地吸引客户，售电折扣商提供较低的基本电费，针对新用户还提供实惠的折扣。许多新加入的工商业用户能够通过这类套餐在初期显著地降低用电成本，而居民用户更是通过返现和折扣有可能在第一年减少20%的电费支出。对于部分用户甚至可以采取预交电费的方式来获得更低的折扣。

互联网售电服务模式：为了降低交易成本、提升竞争力，成熟的电力市场都有比价网站，供用户选择套餐及更换售电商服务。采用这种模式的前提是市场有多家售电公司，并且每家公司售电价格有所不同。

供销合作社模式：具有供销合作社模式的售电公司将发电与售电相结合，合作社社员拥有发电资源，通过供销合作的方式将电力直接销售给其他社员，同时售电公司获得的售电收入中的一部分将继续被投入建设发电厂，以此形成发售双方共赢的局面。

虚拟电厂包月售电模式：大范围虚拟电厂建立的基础在于拥有众多分布式可再生能源发电设备的控制权，分布式储能设备等一系列灵活性设备，可再生能源的市场化销售机制和一套精准的软件算法。基于此类虚拟电厂的电力共享池系统提供了新型的售电模式。

16. 综合能源服务的新型商业模式有哪些?

答：综合能源服务的新型商业模式包括配售一体化模式、综合能源服务模式及“配售一体化+能源综合服务”模式。

配售一体化模式：国外许多配电网都是由私人进行投资和建设的，如法国、德国等欧洲国家。特别是德国，由于20世纪90年代末的私有化浪潮，大部分配电网资产都落入了私人手中；随着售电市场的开放，诞生了许多拥有配电网资产的配售一体化售电公司。这样的售电公司与其他售电公司最大的区别在于，公司不仅可以从售电业务中获得收益，还可以从配电网业务中获得配电收益。

综合能源服务模式：国外一些售电公司在开展售电业务的同时，也为该地区提供其他能源甚至公共交通、设施等服务，它们即城市综合能源公司。这类公司一般都提供供电与供气服务，客户可以与公司单独签订用电或用气合同，公司也提供综合能源服务。相对于单独签订合同，客户同时与公司签订供电与供气合同能够得到更多的优惠，这也是这类公司吸引及留住客户的重要手段。此外，有一些地区性综合能源公司还提供供热、供水、公共交通等服务，让客户可以享受多方位的能源服务。

“配售一体化+能源综合服务”模式：在售电侧和配电网同时被放开的情况下，同时拥有配售电业务，并且能为园区内电力用户提供增值能源服务的公司将深度受益。一方面，负责园区售电业务的公司可以直接从市场化的协议购电或集中竞价交易中获取发电侧和购电侧之间的价差利润，还可获得园区内各电力用户的电力需求数据，其是用户数据的第一入口。另一方面，更为重要的是，这类公司以用电数据为基础，为用户提供能效监控、运维托管、抢修检修和节能改造等综合用电服务，有效提高了用户的用电质量，增强了客户黏性，同时从盈利能力更强的服务类业务中获得更多利润。

17. 合同能源管理（EMC）模式是什么?

答：合同能源管理（energy management contracting, EMC）是一种新型的市场化节能机制，其实质就是以减少的能源费用来支付节能项目全部成本的节能投资方式。这种节能投资方式允许客户使用未来的节能收益对工厂和设备进行升级，以降低目前的运行成本。能源管理合同由实施节能项目的企业（用户）与专门的节能服务公司签订，它有助于推动节能项目的实施。节能服务公司又称能源管理公司，是一种基于合同能源管理机制运作、以盈利为目的的专业化公司。节能服务公司与愿意进行节能改造的客户签订节能服务合同，为用户提供能源审计，可行性研究，项目设计，项目融资，设备和材料采购，工程施工，人员培训，节能量检测，改造系统的运行、维护和管理等服务。在合同期内，节能服务公司与用户企业分享节能效益，并由此得到相应回收的投资和合理的利润。合同结束后，高效的设备和节能效益全部归用户企业所有。合同能源管理作为一种面向市场的节能新机制，有广阔的应用和发展前景。节能服务公司通过垫资为企业实施节能改造项目，向企业提供专业、优质、高效的节能服务，从而提高企业的能源利用率，降低企业成本；而用户企业在没有先期资金投入的情况下，可获得稳定的节能收益和经济效益。因此，“合同能源管理”机制必将越来越多地被企业关注和接受。

18. 能源托管模式是什么?

答：能源托管模式是指从托管行业独立出来的能源消费托管服务的节能新机制。节能服务公司针对用能企业，对能源的购进、使用及用能设备效率、用能方式、政府节能考核等进行全面的承包与管理，并提供资金进行技术和设备更新，进而达到节能和节约能源费用的目的，帮助国家完成对能耗企业进行考核的目标。能源托管重在管理，为客户提供能源专家型的价值服务。

能源托管包括全托管和半托管。全托管的内容包括设备运行、管理和维护，人员管理，环保达标控制管理，日常所需能源燃料及运营成本控制等，最终为客户提供能源；半托管的内容只有日常设备运行、管理和维护。

能源托管模式与节能服务模式的主要区别：节能服务是指节能服务公司为企业提供合同能源管理服务，主要提供资金和技术投资模式；而能源托管不仅为企业提供投资，还为企业提供技术、管理、培训、考核服务，进而帮助国家完成对企业能耗的年度考核和五年节能规划的考核。

19. 能源托管模式具有哪些优势?

答：能源托管模式的主要优势体现在以下几方面。

（1）节能专家。能源托管重在提供专家型的管理服务，实现专业的人做专业的事。对能耗企业的能源购进、消费、设备效率、生产方式及能源管理和设计中存在的问题进行逐一排除，理顺能源在消费过程中的各个环节，进而提出解决办法和实现长短期目标。

（2）人才优势。客户自行管理时，人员流动频繁，培训费用高，多数还要依托其他单位进行维修，且存在技术风险。节能公司配置专门的能源管理和维修班组、与各大型设备厂家合作、各人员持证上岗，节省用户培训、人员变更、寻求外协等带来的经济成本和减少技术风险。

（3）专业管理。经过严格培训且考核合格的维护人员负责能耗系统的日常运行及维护管理，无须再配备相应管理及操作人员。

（4）专业维护。一年内多次定期全面地检查维护和提供保养服务，免费更换所有易损耗材料，使客户的设备可靠、高效地运行。

（5）专业诊断。节能公司根据长期的工程管理经验和能源托管经验，定期对客户能耗设备使用情况进行诊断、分析，挖掘节能潜力，使客户的运营成本保持最低。

（6）专业维修。节能公司为签约客户提供 24×7

服务，能在维保单位机组出现故障的第一时间赶赴现场，力求将客户损失降到最低限度。

20. 什么是建设-运营-移交（BOT）模式？

答： 建设-运营-移交（build-operate-transfer，BOT）实质上是基础设施投资、建设和经营的一种方式，政府和私人机构之间达成协议并基于许可取得通常由政府部门承担的建设和经营特定基础设施的专营权（由招标方式进行），允许其在一定时期内筹集资金建设某一基础设施并管理和经营该设施及其相应的产品与服务。政府对该机构提供的公共产品或服务的数量和价格可以有所限制，但保证私人资本具有获取利润的机会。整个过程中的风险由政府和私人机构分担。当特许期限结束时，私人机构按约定将该设施移交给政府部门，由政府指定部门经营和管理。

一方面，建设-运营-移交能够保证市场机制发挥作用。建设-运营-移交项目的大部分经济行为都在市场上进行，政府以招标方式确定项目公司的做法本身也包含了竞争机制。作为可靠的市场主体的私人机构是建设-运营-移交模式的行为主体，在特许期内对所建工程项目具有完备的产权。这样，承担建设-运营-移交项目的私人机构在建设-运营-移交项目的实施过程中的行为完全符合经济人假设。

另一方面，建设-运营-移交为政府干预提供了有效的途径，这就是和私人机构达成的有关建设-运营-移交协议。尽管建设-运营-移交协议的执行全部由项目公司负责，但政府自始至终拥有对该项目的控制权。在立项、招标、谈判三个阶段，政府的意愿起着决定性的作用。在履约阶段，政府具有监督与检查的权力，项目经营中价格的制定也受到政府的约束。

21. 什么是公私合营（PPP）模式？

答：公私合营（public-private-partnership，PPP）最早由英国政府于 1982 年提出，是指政府与私营商签订长期协议，授权私营商代替政府建设、运营或管理公共基础设施，并向公众提供公共服务。公私合营模式是一种新型的项目融资模式。项目公私合营模式融资是以项目为主体的融资活动，是项目融资的一种实现形式，主要根据项目的预期收益、资产及政府扶持措施的力度而不是项目投资人或发起人的资信来安排融资。项目经营的直接收益和政府扶持所转化的效益是偿还贷款的资金来源，项目公司的资产和政府给予的有限承诺是贷款的安全保障。公私合营的融资模式可以使民营资本更多地参与项目，提高效率、降低风险。政府的公共部门与民营企业以特许权协议为基础进行全程合作，双方共同对项目运行的整个周期负责。公私合营模式的操作规则使民营企业参与项目的确认、设计和可行性研究等前期工作，这不仅降低了民营企业的投资风险，而且能将民营企业在投资建设中更有效率的管理方法与技术引入项目中来，还能有效地实现对项目建设与运行的控制，从而有利于降低项目建设投资的风险，较好地保障了国家与民营企业的利益。这对缩短项目建设周期，降低项目运作成本甚至降低资产负债率都有值得肯定的现实意义。

公私合营模式可以在一定程度上保证民营资本“有利可图”。私营部门的投资目标是寻求既能够还贷又有投资回报的项目。采取公私合营模式，政府可以给予私人投资者相应的政策扶持作为补偿，如税收优惠、贷款担保、给予民营企业沿线土地优先开发权等。实施这些政策可提高民营资本投资城市公共基础设施项目的积极性。

22. 综合能源服务的市场参与主体有哪些？

答：综合能源服务既具有传统能源生产消费的技术和运营属性，又融合了新的商业模式和业态，更具有战略和商业属性。综合能源服务的市场参与主体可大致分为能源公司、售电公司、技术公司和服务公司四类。

能源公司：主要是重资产企业，规模相对较大，以大型国企为主，多为传统能源企业转型而来，如电网公司等。配售电改革为部分传统能源企业提供了转型和延长产业链的机遇，为部分新能源企业提供了资源整合和升级的契机，推动这类公司由单一能源供应商向综合能源服务商转变，打造新的利润增长点，提升公司的市场竞争力。与传统能源公司相比，新型的能源服务公司直接面向用户或增量能源市场（新开发的区域里建立新的能源基础设施），业务往往包含多种能源。

售电公司：主要是新成立的企业，既有国企，也有民企（以中小企业为主），以及围绕售电业务的综合能源服务商。从市场的参与者来看，在政策的驱动下，售电公司的市场主体呈现出多元化的特点。按照《中共中央　国务院关于进一步深化电力体制改革的若干意见》，鼓励进入售电公司领域的主体包含以下几类：现有供电公司、大型发电企业、节能服务公司、工程建设公司、大型工业园区及有条件的社会资本。除了上述参与者，目前进入售电公司领域的企业还包括民营电气设备企业、分布式能源企业等。

技术公司：主要是轻资产企业，包括互联网公司、储能技术公司、微电网技术公司等。这类公司主要将信息技术与能源相融合，包括传统能源技术公司及以大数据、云计算、物联网、区块链技术、人工智能等新业态为主的技术公司，适合开拓一些新型增值服务。例如，国网电子商务公司、阿里云综合能源服务方案公司、远景能源公司。

服务公司：这类公司主要是轻资产企业，规模相对较小，包括各类设计院、工程总包单位、工程服务企业、节能服务公司、需求响应服务、分布式能源方案设计单位、智慧能源解决方案服务商等。根据用户需求其可提供各种增值服务，如提供蓄热受托、能效管理、用能诊断、设备维护、整体供电方案等多元化服务，以及搭建多种生活产品交易平台，实现电力、自来水、燃气、热力的批发和零售，提供从电力、天然气到可再生能源等一系列的综合解决方案。

23. 综合能源服务的主要业务类型有哪些？

答：按照服务类型，综合能源服务大致可以分为三类：能源建设服务、能源消费服务及能源增值服务。

能源建设服务：包括能源咨询，为客户提供冷、热、气、电综合用能规划、咨询服务；能源供应，为客户建设能源站，提供冷、热、气、电等能源，收取能源费用；能源接入，在已有能源站的基础上，为附近客户提供能源接入服务，收取一次性接入费用和后续能源费用。

能源消费服务：包括节能咨询服务，为客户提供冷、热、气、电综合用能的节能、审核、咨询等服务；运维服务，为客户提供能源设备运维服务，重点开展电气设备代维服务，开展客户变电站巡检、集中监控、预防性试验、不间断抢修、智慧用能等服务；能源托管，对客户现有用能情况进行评估，通过技术改造，向客户承诺节能量，负责提供全方位运维服务；能效检测和能源管控，利用服务平台的大数据分析，对客户用能设备进行能效诊断及分析，协助客户优化生产工艺流程和用能方式，降低用能成本。

能源增值服务：包括销售服务，为客户提供高端的用电设备和节能产品；售电服务，为客户提供低价电能，降低用能成本；设备租赁服务，为客户提供变压器、移动储能设备等租赁服务，满足客户的多元化用能要求。

综合能源服务的宗旨是为用户提供高效、智能的能源供应及增值服务。它的兴起代表着我国能源行业重心已从“保障供应”转移到“以用户为中心的能源服务”，即从“以供应者为主体，用户作为被动接受者”，转变为“真正实现一切以用户为中心，从而更好满足用户需求”，这也是能源行业供给侧结构性改革的本质要求。

24. 做好综合能源服务需要具备哪些资源?

答：为了应对新的挑战，综合能源服务企业必须具备四类重点资源的所有权或者使用权。第一类是资质资源，其包括售电、售气、售热、设计、施工等。第二类是多专业的技术资源，节能本身属于技术密集型领域，需要针对不同类别的客户开发不同的专业技术，如分布式能源和能源销售运维均需要专业技术支持。第三类是客户资源，服务行业的本质是让客户满意，能赢得市场竞争的企业不是以技术为导向，也不是以竞争对手为导向，而是以客户为中心，需要建立长期的客户黏性。一定的资本资源，如分布式能源的投资、建设和运营是资本密集型活动；同时，能源销售、节能服务等也需要一定的周转资金。为了获取多种必要资源，提升为客户提供综合解决方案的能力，综合能源服务企业必须发展合作伙伴关系，培养优秀的网络连接能力，创建互利互惠的商业生态圈。第四类是企业发展伙伴关系，其通常包括非竞争者之间的战略联盟关系、竞争者之间的战略联盟关系、开发新业务的合资企业、发展稳定的采购商-供应商合作关系，从而有效发挥规模效应、减少风险和获取资源等。

25. 电力体制改革对电力市场造成了何种影响？

答：在我国电力体制改革之前，国家电网公司一直处于金字塔的顶尖位置。在实行电力体制改革之后，我国的电力行业进行了资产重组，提高了市场竞争的能力。我国积极吸取国内外电力体制改革的教训，总结相关经验，并且结合我国电力市场的实际情况，遵照电力工业的发展定律，使市场配置资源的基础性作用能够得到充分的发挥，提高现代电力企业制度完善的速度，这对电力企业内部经营机制的改变起到了很大的促进作用，为建立适应社会主义发展的电力市场机制提供了帮助。从我国电力市场的实际情况来看，我国电力体制改革的总目标是打破我国电网系统的垄断制度，将非国家电网公司的供电企业引入电力市场的竞争中，并且尽可能地降低供电的成本，建立起科学、完善的电价制度，让电力资源的配置更加合理，有效地促进我国电力的发展，使全国联网得到推进，构建一个能够进行公平竞争、有序开放及科学发展的电力市场体系。

26. 能源行业大企业及非能源行业企业应如何转型进入综合能源服务市场?

答：能源行业大企业通常有较强的上游供应能力，在某个专项领域已经具备较强实力，并具有资质、技术、资本、客户、线下服务能力等资源，可能主导或者参与发展成为综合能源服务企业。该类企业通过发展综合能源服务，以增强客户黏性，从而反哺上游业务发展，包括促进增加上游收入规模、减少上游收入风险等。该类企业之间可以通过合作满足客户需求，以求快速填补业务空白，如售电企业与地方燃气企业合作、供热企业与分布式能源装备制造企业合作等。该类企业之间的合作具有不确定性，因为双方具有业务重合、同质化竞争的可能性，通常可采取战略联盟、采购商-供应商合作的方式。非能源行业企业可为大量客户提供相关的能源服务，有较好的客户资源，可能主导或者参与发展成为综合能源服务企业。该类企业由于在资质、技术、资本等资源方面存在较多空白，难以独立提供综合服务，因此，大都需要与能源类企业合作开展综合能源服务，如通过合资、战略联盟、采购商-供应商合作等方式成立综合能源服务企业。以大型互联网平台企业为例，它们具有强大的平台流量优势和互动服务能力，在 App 产品开发、大数据分析、商业模式创新方面具有丰富的经验，可以与能源行业企业以战略联盟、采购商-供应商合作的方式提供强互动的综合能源服务。非能源行业的专业技术企业或者能源行业小微企业，具有专业服务能力、专利技术资源等，但由于缺乏资质、技术、客户等资源，很难发展成为综合能源服务企业，主要以参与为主。由于综合能源服务企业会提供一定的非能源服务，如垃圾处理、碳交易、物业管理、建筑物维护、节水管理、智慧生活、大气治理等，以充分满足客户多元需求、增强客户黏性，因此，其需要与非能源行业提供专业技术服务的企业合作。另外，综合能源服务企业为了快速填补资源空白，会与能源行业小微企业合作，如专业节能企业、能源大数据企业等，以使用小微企业的技术资源和快速响应的服务能力。尤其对于采用开放平台型商业模式的综合能源服务企业，更将会与数量众多的该类企业合作。

27. 电网企业开展综合能源服务具有哪些优势和劣势?

答：电网企业具有较大的品牌优势，同时拥有庞大的电网资产和雄厚的技术、人才、客户资源，具备做强、做优、做大综合能源服务业务的实力。在基础设施方面，电网是覆盖范围最广、投资规模最大和用户最多的能源网络。以电网为基础、电力为中心拓展能源服务业务，也是最为经济、有效的方式。电网企业掌握大量输电和配电网络资产，以此为基础建设综合供能系统、开展综合能源服务，可有效利用现有资产，降低用户用能成本。在基础能力方面，电网企业在规划设计、调度运行、能量管理、智慧用电等应用领域都形成了非常完备的软件产品，并针对企业、用户开展了一站式服务、运行监控服务、金融服务等多样化的增值服务。在技术和人才方面，电网公司拥有专业化的服务队伍，可为客户提供全业务、全天候、专业化、多元化的服务。此外，其还拥有庞大的专业运维队伍，能为客户提供一对一的上门运维服务，为开展综合能源服务提供了有力支撑。在品牌和用户方面，综合能源服务是以用户为中心的一系列服务，用户群体至关重要。电网公司供电人口规模大、品牌价值高，用户群体黏度高、品牌依存度高。电网公司长期经营配电网，与用户紧密相连，是联结千家万户的电力门户，同时拥有庞大的用户数据资产，涵盖电源侧、网侧、用户侧全环节，是电网公司开展综合能源服务的独特优势。在实践经验方面，部分电网公司基层单位已主动开展了综合能源服务业务，为电网公司开展综合能源服务奠定了坚实的基础。然而，电网企业在开展综合能源服务业务时也存在一些劣势，主要体现在应对市场的灵活性和商业模式的创新性等方面。在市场灵活性方面，电网企业一般是大型央企。公司采用自上而下统一管理的模式，人、财、物高度集中，管控能力强，但具体到省（自治区、直辖市）公司到地市公司层级，则缺乏足够的市场灵活性。例如，价格机制不灵活，难以像一些小型配售电公司那样根据需要与用户签订差异化、定制化的服务合同。在商业模式创新方面，需要探索新型业务模式，拓展多元化综合能源服务业务，更好地利用已有的软硬件设施和平台，提升综合能源服务水平。以平台服务为例，未来其应致力于为投资商、供应商、金融机构、用户等市场主体提供供需匹配服务，如综合能源交易与结算、碳交易、投融资、产品线上销售等平台服务，并进一步拓展挖掘平台数据价值的增值服务，提升数据分析能力和客户经营决策支撑能力等。

28. 电网企业开展综合能源服务面临哪些机遇和挑战?

答：电网企业开展综合能源服务可能面临如下

机遇。

（1）市场竞争使创新转型迎来新机遇。长期以来，电网企业习惯客户自动找上门来，危机意识不够、创新动力不足。新形势虽然给电网企业带来了巨大冲击，但电网企业也迎来了创新转型的最佳时机。把握好此机遇，将促使电网企业强化竞争意识、危机意识和服务意识，加快创新转型脚步，有效提高市场竞争能力和可持续发展能力。

（2）“两个替代”开辟增长新领域。按照国家能源发展战略，2020 年、2030 年、2050 年非化石能源占比分别达到 15%、20% 和 60%。“两个替代”是落实国家能源发展战略的重要举措，即在能源开发上实施清洁能源替代，在能源消费上实施电能替代。“两个替代”对电网进一步发挥清洁能源配置基础平台作用，实现新的效益增长提供了支撑。

（3）增值业务带来公司新效益。近年来，大数据、物联网、云计算等技术迅速发展，并渗透到生活各个领域。新一代客户存在交互需求旺盛、服务需求多元的特点。基于技术条件和客户市场的成熟，在不远的未来，为客户提供节能咨询、电费金融等能源增值服务，将成为公司新的效益增长点。

（4）吸引人才创造新事业。在电力供应与能源消费领域，电网企业拥有大量的专业技术骨干和专家人才。电网企业如果能以本次改革为契机，建立与市场竞争和业务拓展相适应的人才选拔、使用、激励和开发机制，必将有效激发员工活力，促进优秀人才到新市场干事业，实现自身价值，为改革发展提供更好的人才支撑。

同时，电网企业开展综合能源服务可能面临如下挑战。首先，竞争主体多元化。这一方面包括市场化的售电公司、配售一体化公司会成为新的售电主体；另一方面包括微电网运营商、分布式发电商及储能设备运营商也可能成为新兴的竞争主体。其次，全新供用电体系。电网企业面对的不再是传统的“发-输-配-用”单向的电力供给体系，更多“用-配-用”“用-用”等双向电力供给体系正在形成，能量交换途径更加多样化。再次，电网企业要面对多样化的用能需求。①需求综合化，电网企业不仅有用能需求，还有节能需求；不仅用电，还需要电、热、冷等综合能源解决方案。②需求主动化，用户可以依据价格信号主动向系统反映新的用能意愿。③需求定制化，用户的个性化和自主化程度提高，电网企业要根据用户差异化的需求，提供定制化的用能方案。

29. 综合能源服务所涉及的业务领域主要包括哪些?

答：《国家电网公司关于在各省公司开展综合能源服务业务的意见》提出，综合能源服务包括能源基础服务、分布式能源服务、“互联网+”智慧能源、能源服务新产品四个业务方向，具体涉及节能服务、电力运维、分布式光伏发电、分布式冷热电三联供、分布式生物质发电供热、基于电能的冷热供应、用能监测、储能服务等八个主要业务领域。

30. 综合能源基础服务主要由什么构成?

答：综合能源基础服务主要由节能服务和电力运维构成。

节能服务是指由专业的第三方机构（能源管理机构）帮助自身机构解决节能运营改造的技术和执行问题的服务。其服务对象一般是企业机构，主要分布在建筑、工业和交通领域。接受节能服务的目的在于减少能源消耗、提高能源使用效率、降低污染排放等。第三方节能服务机构一般采用合同能源管理的方式提供相关服务。

电力运维是指专业队伍对电力线路、电力运行、电力抢修的维护。这主要包括24 h电力应急抢修，电力设备维修、保养维护、安全检查，电力设备代维护，节电改造、维修，电力设备年检、试验等各项工作内容。

31. 分布式能源服务主要包括哪些?

答：分布式能源服务主要包括分布式光伏发电、分布式冷热电三联供、分布式生物质发电供热等。

分布式光伏发电是指在用户场地附近建设，运行方式以用户侧自发自用、多余电量上网，且对配电系统进行平衡调节为特征的发电方式。分布式光伏发电遵循因地制宜、清洁高效、分散布局、就近利用的原则，充分利用当地太阳能资源，替代和减少化石能源消费。它是一种新型的、具有广阔发展前景的发电和能源综合利用方式，它倡导就近发电、就近并网、就近转换、就近使用的原则，不仅能够有效提高同等规模光伏电站的发电量，还有效解决了电力在升压及长途运输中的损耗问题。目前，应用最为广泛的分布式光伏发电系统，是建在城市建筑物屋顶的光伏发电项目。该类项目必须接入公共电网，与公共电网一起为附近的用户供电。

分布式冷热电三联供是以天然气为燃料，通过冷热电三联供等方式实现能源的梯级利用，综合能源利用效率为70%以上，并在负荷中心就近实现能源供应的现代能源供应方式，它是天然气高效利用的重要方式。与传统的集中式能源相比，分布式能源接近负荷，不需要建设大电网进行远距离高压或超高压输送，可大大减少线损，节省输配电建设投资和运行费用；由于兼备发电、供热等多种能源服务功能，分布式能源可以有效地实现梯级利用，达到更高的能源综合利用率。

分布式生物质发电供热，生物质能是指自然界的植物、粪便及城乡有机废物转化成的能源。生物质燃料是指将生物质材料燃烧作为燃料，一般主要是农林废弃物（如秸秆、锯末、甘蔗渣、稻糠等）。

热电联产是利用热机或发电站同时产生电力和有用的热量，是燃料的热力学有效使用。生物质热电联产的原料包括农业废弃物、动物废弃物、林业木材废弃物、专用能源种植物、城市固体垃圾和掩埋气、污水处理生物质气、城市木材废弃物及食品残渣。

32. 什么是“互联网+”智慧能源?

答：“互联网+”智慧能源就是以电力系统为核心纽带，构建多类型能源互联网络，即利用互联网思维与技术改造传统能源行业，实现横向多源互补，纵向“源-网-荷-储”协调，能源与信息高度融合的新型能源体系。其中，“源”是指煤炭、石油、天然气、太阳能、风能、地热能等一次能源和电力、汽油等二次能源；“网”是指涵盖天然气和石油管道网、电力网络等能源传输网络；“荷”和“储”是指各种能源需求和存储设施。实施“源-网-荷-储”的协调互动，有利于最大限度消纳、利用可再生能源，实现能源网络的“清洁替代”与“电能替代”，推动能源产业的变革与发展。“互联网+”智慧能源就是将能源生产“终端”变得更为多元化、小型化和智能化，交易主体数量更为庞大，竞争更为充分和透明。在分布式能源和能源信息通信技术的飞跃进步下，特别是交易市场平台的搭建，最终形成庞大的能源市场，能源流如信息流一样顺畅。

“互联网+”智慧能源将经历能源本身互联、信息互联网与能源行业相互促进，以及能源与信息深度融合三个阶段。首先，能源本身互联，以电力系统为核心枢纽的多种能源物理互联网络，实现了横向多源互补。其次，信息互联网与能源行业相互促进，信息指导能量，能量提升价值。一方面，互联网催生了能源领域新的商业模式；另一方面，信息的高效流动使分散决策的帕累托最优替代了集中决策的整体优化，实现资源配置更加优化。最后，能源与信息深度融合，能源生产和消费达到高度定制化、自助化、智能化，形成一体化的全新能源产业形态。

33. 电能替代的主要技术路径有哪些？

答：电能替代是在终端能源消费环节，使用电能替代散烧煤、燃油、燃气、薪柴的能源消费方式，包括以电代煤、以电代油、以电代气、以电代柴。

以电代煤：在有充足的电能做保障的前提下，推进家庭及餐饮行业的电气化，推广普及家电设备、广泛使用电炊具；采用电暖器、电锅炉、电热膜、相变电热地板、热泵等设备在采暖及生活供热环节代替燃煤的使用；在工业生产领域，在锅炉、煤窑炉中淘汰燃煤小锅炉，减少直燃煤。

以电代油：大力发展电动汽车；在农业灌溉中以电泵取代柴油发电机进行抽水灌溉；推广船舶、航空器等，在泊位上关闭发动机，接入码头、桥载侧的电网；在工业领域，用电动机取代过去的柴油机，提高生产效率、降低生产成本。

以电代气：以电能做饭取代燃气，以电采暖取代燃气供热，餐饮业大力推广电火锅，工业生产领域以电锅炉取代燃气锅炉，交通领域以电动汽车取代燃气汽车。

以电代柴：以电能替代农村燃烧薪柴、秸秆等传统能源的利用方式，重点是普及家用电器，带动农村地区的电能消费；在木材加工、水产养殖与加工、农产品加工领域，推广电加热替代传统能源的使用。

34. 电锅炉的主要工作原理是什么？

答：电锅炉主要由电锅炉钢制的壳体、电脑控制的系统、低压电气系统、电加热管、进出水管及检测仪表等组成。电热锅炉种类很多，其一般按电热元件的形式来划分，有电阻式、电极式和电膜式。

电阻式锅炉采用高阻抗管形电热元件，接通电源后，管形电热元件产生高热使冷水成为热水或蒸汽。这种元件的优点是水中不带电，使用较为安全，对水质也不造成污染；但是由于锅炉容量的增大需要依靠管形电热元件的数量来实现，这种锅炉的容量受到电热元件结构布置的限制。

电极式锅炉的工作原理是把电极插入水中，利用水的高热阻特性，直接将电能转换为热能，在这一转换过程中能量几乎没有损失。电极式锅炉运行十分安全，一旦锅炉断水，电极间的通路被切断，电功率为零，则锅炉自动停止运行，锅炉不会发生干烧现象。

电膜式锅炉的加热技术是最近几年发展起来的新技术，其比电阻丝加热有更高的电热转换效率。其原理是在搪瓷钢管表面喷镀称为微球电热材料的半导体膜（金属氧化物），实现大功率电热转换。其特点是使用范围大、使用寿命长，耐电流冲击能力强，与基体附着力高，抗冷热激变破坏能力强，适用于基体材料种类多、设备简单、投资少、对工艺操作环境要求低的场所。

目前，常使用蓄热式电锅炉错峰使用电力。利用午夜低谷时段电力将蓄热体（分为水蓄热和固体蓄热）加热到一定的温度（固体材料小于800 ℃），在平电时段和峰电时段利用被加热的蓄热体余温来供暖。

35. 电锅炉一般是如何分类的？

答：电锅炉是以电力为能源，利用电阻发热或电磁感应发热原理，通过锅炉的换热部位把热媒（水或其他热载体）加热到一定参数（温度、压力）的一种热能机械设备。

电锅炉一般分为以下几种。

电开水锅炉为了满足较多人员饮用开水的需求而设计，主要使用于医院、办公楼和学校等人口密集型单位。

电热水锅炉又称电采暖锅炉，用来采暖或供应生活热水，适用于宾馆、厂房等。此类锅炉又可以分为直热式锅炉和蓄热式锅炉。直热式锅炉直接供热。蓄热式锅炉配以蓄热水箱和附属设备，根据电力部门对低谷时用电的鼓励政策，在电价较低的时段加热蓄热水箱中的水，在电价较高的时段使用蓄热水箱中的热水，可全部或部分使用低谷电力代替用电高峰时段的电力。

电蒸汽锅炉是利用电力加热产生额定压力的蒸汽锅炉。

电壁挂炉是一种纯电阻的用电器，电能被转化为热能。

36. 评价电锅炉的性能有哪些指标?

答：评价电锅炉的性能指标主要有锅炉容量、蒸汽压力、蒸汽温度、给水温度、能量转化效率等。其中，锅炉容量可以用额定蒸发量和最大连续蒸发量进行判定。

额定蒸发量：在规定的出口温度、压力和效率条件下单位时间内连续产生的蒸汽量。

最大连续蒸发量：在规定出口温度，压力和效率条件下单位时间内连续产生的最大蒸汽量。

蒸汽压力：蒸汽锅炉产出的蒸汽的压力。

给水温度：热水锅炉产出的热水温度。

能量转化效率：产出热量与输入电量的比值。能量转化效率越高越好，其一般为90%以上。对于蓄热式锅炉，蓄热水箱体积是衡量锅炉供暖能力的重要指标。

37. 电锅炉适用于哪些场合？

答：电锅炉适合商场、医院、学校等人员密集建筑加热饮用水。游泳池加热水，一般使用高频电磁感应加热器，采用水电分离方式为游泳池安全供热。

电锅炉适用于替代小型燃煤、燃油、燃气锅炉。小型燃烧锅炉效率极低，污染严重且需要专人看管，存在安全隐患，可以用电锅炉配合蓄热系统替代小型燃烧锅炉。

电锅炉适合公共建筑定时供暖。其可以根据建筑使用时间进行供暖时间设定。蓄热式电锅炉，可在夜间电价低谷期蓄热，被用于白天电价高峰期供热，达到错峰消纳的目的。对于南方无集中供暖地区，可以利用电锅炉进行家庭独立供暖。

电锅炉适用于电力调峰。由于冬季冷负荷、电负荷有相反的峰谷特性，热电联供、风电联供常常出现调峰困难的问题。而电锅炉可以作为补充热源，被用于集中供暖二次管网调峰。

38. 电锅炉重点发展方向是什么?

答：在我国的西北、东北、华北地区，冬季供暖普遍采用集中供热方式，热电联产机组在该地区占有很大比例。但是，冷负荷与电负荷有相反的峰谷特性，而热电联产机组在工况选择过程中有“以热定电”的规则，导致在供热高峰期热电机组发电量大，电力系统调峰非常困难。近年来，同样具有反调峰特性的风电机组大规模并网进一步加剧了调峰难度，时常出现弃风现象。由于弃风现象主要发生在夜间风电高峰、热负荷高峰、电负荷低谷期间，此时利用电锅炉把风电转换成热网调峰热源，既能提升风电消纳率，又能降低热电机组的供热峰值，提高电网调峰能力。未来主要研究方向是优化供热管网结构，制定电锅炉启停策略和蓄热策略，合理利用电锅炉进行“削峰填谷”和弃风消纳。

39. 热泵是什么?

答：热泵是一种以逆循环的方式，通过外力（如电力）做功，将低温热源中的热能转移到高温热源中的机械装置。它仅消耗少量的逆循环净功就能从空气，地球表面浅层水源、地下水、土壤等低位热源中获取热量，向人们提供大量可被利用的高品质热能。

热泵技术起源于 1824 年提出的“卡诺循环”。

1852 年，开尔文提出将“逆卡诺循环”应用于热泵的设想。1912 年，第一台热泵在瑞士苏黎世诞生，它以河水作为低位能源用于供暖。20 世纪 70 年代以来，各种热泵新技术层出不穷。进入 21 世纪，随着能源危机的出现，热泵技术因为其高效回收低温热源中的热能、节能环保的特点成为目前最有价值的能源技术之一。

40. 热泵的主要工作原理是什么？

答：热泵一般由四个主要部分组成：压缩机、冷凝器、节流阀和蒸发器。它的工作过程与制冷系统是一致的，都是低温低压的液态制冷剂通过蒸发器，在低位热源环境下吸收热量汽化，再在压缩机中经外力做功形成高温、高压的蒸汽，然后在冷凝器中散热冷凝，将潜热释放至高位热源，最后经节流装置（如膨胀阀）恢复为低温、低压液体，形成循环（图 1）。

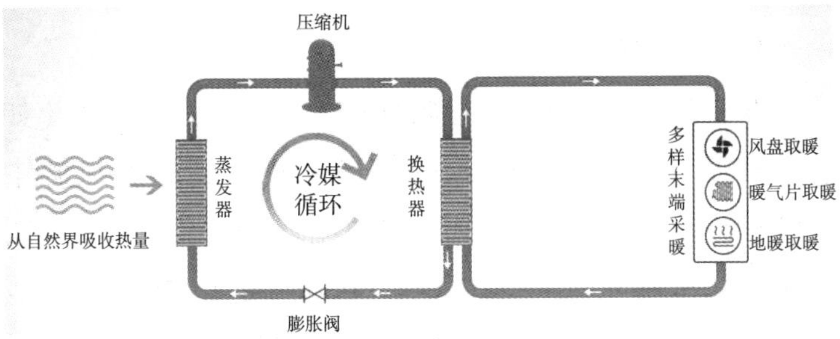

图 1　热泵工作原理

41. 热泵一般是如何分类的?

答：按热泵驱动方式的不同，热泵分为电驱动热泵、燃气驱动式热泵和吸收式热泵；按热源种类分为空气源热泵、水源热泵和地源热泵等。其中吸收式热泵又可分为两类，第一类为增热式热泵，其利用少量高温热源产生大量中温有效热源；第二类是升温式热泵，其利用大量中温热源产生少量高温热源。

42. 评价热泵设备的性能有哪些指标?

答：指标主要包括制热量、能源利用系数、季节性能系数、噪声、占地面积等。

制热量：决定了热泵能否正常使用的最重要的参数。它指的是热泵在设计工况下具备的制冷量或制热量。在实际使用过程中，如果热泵制冷量或制热量低于实际需求量，需要利用制冷机组和锅炉进行补充供冷/供热。

能源利用系数：衡量热泵性能好坏的参数。热泵设备的性能一般用制冷性能系数（COP）来评价，即由低温热源传递至高温热源热量与所需动力（通常为电力）的比值。通常，热泵机组的 COP 为3 ~4，市面上高效的热泵机组额定 COP 为 6 以上。但是大部分热泵机组在实际运行过程中往往能效偏低，一方面是由于机组安装后调试不到位，未能达到最佳运行状态；另一方面也与投入运行后的维护保养和运行调控策略有关。

季节性能系数：衡量热泵用于某一地区整个采暖/供冷季节的热力经济性，是总供热量/总供冷量和总输入能量之比。

43. 热泵设备适用于哪些场合?

答：空气源热泵适用范围较广，在北方地区温度较低时运行效果受低温影响较大，在极端低温情况下会出现结霜情况。南方地区冬季没有集中供暖，其有较大的利用空间，且室外气温较为稳定，少有零摄氏度以下的极端天气。因此，空气源热泵相对来讲更适合在中部和南方运行，其在预热时间和主机效率方面都优于北方地区。

污水源热泵适用于工业废水含热量较多的场景，污水源稳定且温度较高，利于热泵高效地工作。

地源热泵受地区限制较大，适合安装在地热资源丰富的地区，如陕西西安。由于地源热泵需挖设地源井，前期投入较大，其一般适用于公共建筑供暖或居民楼集中供暖。出于对地下水和土壤热量平衡的考虑，地源热泵的冬季供暖量和夏季供冷量应该相同。

吸收式热泵适用于工业生产中进行余热回收。

44. 热泵设备未来重点发展方向是什么?

答：对于空气源热泵在低温环境下的运行能效问题，目前可以通过补气增焓、双级压缩等技术方式较好地解决。但是对于冬季风冷换热板结霜问题，虽然已有很多相关研究，但仍未实现除霜的同时不影响供热量，未来研究重点应关注无霜空气源热泵研究。除此之外，空气源热泵和地表水源热泵受气候变化影响较大，且很难兼顾取热和排热的平衡。针对这些问题，“柔性热泵”的概念被提出。其综合使用多个低品位热源末端（如风冷换热器、水源换热器、太阳能集热器等），进行优势互补，采集自然界的多种低品位热源，提供给不同热泵系统使用，在保证风冷换热器除霜效果的同时能够不影响其他末端正常工作。同时，高温热泵也是未来重点研究的方向之一。

45. 分布式储能技术是什么?

答：随着智能电网、可再生能源发电、分布式发电与微电网及电动汽车的蓬勃发展，大量分布式电源被接入配电网，而分布式系统带来的随机性和高负荷等问题需要相应的储能技术提供解决方案。因此，诞生了分布式储能技术。

分布式储能系统主要应用场景包含用户侧、分布式电源侧和配网侧等三个方面，这些系统多以分布式电源、用户侧或微电网为背景引入。电动汽车是其中的一种重要组成。相较于集中式储能，分布式储能减小了集中储能电站的线路损耗和投资压力，但也具有分散布局、可控性差等特点。合理规划的分布式储能，不但可以通过

“削峰填谷”起到降低配电网容量的作用，还可以弥补分布式的随机性对电网安全和经济运行的负面影响。

分布式储能技术与大规模集中式储能技术相似，一般可分为机械储能、物理储能和化学储能。

46. 分布式储能系统是如何组成的?

答: 分布式储能系统主要有两部分：电储能单元和储能配套设施。分布式储能系统在微电网中的应用如图 2 所示。其可建在用户侧，也可建在供能侧，为多能互补的能源系统提供储能服务。

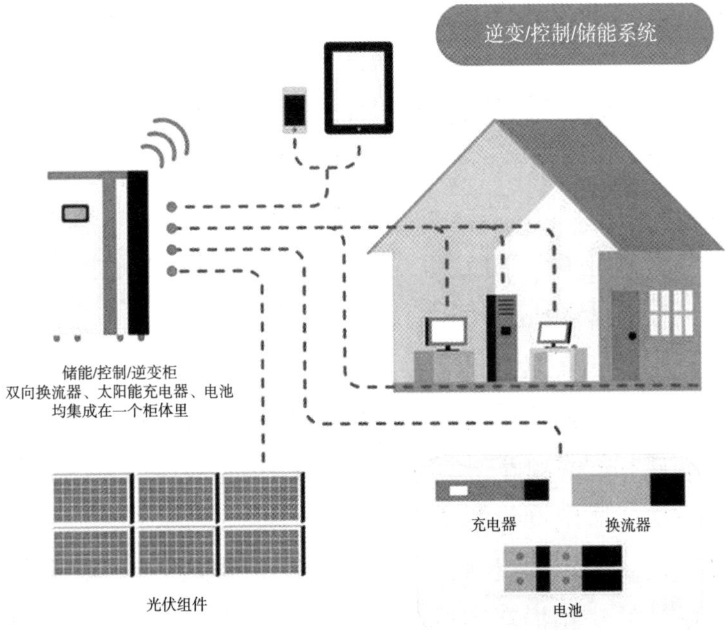

图 2　分布式储能系统在微电网中的应用

分布式储能系统的关键设备包括电储能单元和储能配套设备两部分。电储能单元按储能方式的不同可分为机械储能、物理储能和化学储能（电池）。其中，机械储能设备可分为压缩空气储能设备、飞轮储能设备；物理储能设备可分为超级电容设备和超导储能设备；化学储能设备可分为钒液流电池、锌溴液流电池、钠硫电池、铅酸电池、锂离子电池等。储能配套设备包括储能变流器、储能系统就地监控设备和多源储能系统协调控制设备。

47. 分布式储能系统关键设备的工作原理分别是什么？

答：分布式储能系统关键设备包括机械储能设备、物理储能设备、化学储能设备、储能变流器（PCS）、储能系统就地监控设备等。

机械储能设备。①压缩空气储能的基本工作原理是：充电时，利用电能驱动空气压缩机把能量以高压空气的形式存储起来；放电时，将高压空气释放出来驱动发电机发电。②飞轮储能系统的基本工作原理是：基于机电能量转换的储能系统，它将能量以动能的形式储存在高速旋转的飞轮中，主要由轴承、飞轮、电机、变流器组成。

物理储能设备。①超级电容的基本工作原理是：电活性物质在电极表面进行欠电位沉积，发生高度的化学吸附/脱附或氧化/还原反应，产生与电极充电电位相关的电容。超级电容主要由极化电极、集电极、电解质、隔膜、端板、引线和封装材料等几部分组成。②超导储能设备的基本工作原理是：利用超导体制成的线圈，通过变流器将能量以电磁能的形式存储起来，需要时再通过变流器将存储的能量转换并馈送给电网或负荷。

化学储能设备。化学储能设备主要是各种不同类型的电池，电池储能设备内部的核心结构基本相同，均由正极、负极、隔膜和电解质组成。在充电过程中，在正极的活性材料上发生氧化反应，其失去电子；与此同时，阳离子通过电解质在电场的作用下向负极移动。失去的电子沿着外电路流向负极，并在负极上与负极活性材料结合，发生还原反应。电池的放电过程与充电过程正好相反。

储能变流器（PCS）。PCS 可控制蓄电池的充电和放电过程，进行交、直流的变换，在无电网的情况下可以直接为交流负荷供电。PCS 控制器通过通信接收后台控制指令，根据功率指令的符号及大小控制变流器对电池进行充电或放电，实现对电网有功功率及无功功率的调节。PCS 控制器可获取电池组状态信息，实现对电池的保护性充、放电，确保电池运行安全。

储能系统就地监控设备。它是整个储能系统的高级控制中枢，负责监控整个储能系统的运行状态。它是联结电网调度和储能系统的桥梁，起到上传下达的作用：一方面接收电网调度指令，另一方面把电网调度指令按能源管理策略分配至各个储能支路；同时监控整个储能系统的运行状态，分析运行数据，确保储能系统处于良好的工作状态。多源协调控制根据分布式电源、负载类型及配电网不同的工作模式，通过主从控制、对等控制及其他相关控制策略，抑制因各节点电压差产生的环流和控制直流母线电压的稳定，实现对配电网中各供电电源的协调控制。

48. 对分布式储能系统的性能评价关键指标有哪些?

答：作为以储能为目标的分布式系统，需要通过三个方面对系统进行评价：技术性能、可靠性和经济性。

技术性能：包括综合效率、补偿效果和可再生能源利用率。综合效率可反映整个储能系统的损耗。补偿效果主要是体现分布式储能平抑功率波动，提高电能质量和效果。可再生能源利用率可被用来间接评价储能的配置对可再生能源利用率的影响。

可靠性：主要是为了评价在风电光伏等分布式电源对电网的冲击下，分布式储能系统对配电网供电的可靠性，其可通过供电损失率及评价故障率等指标综合计算。

经济性：包括初期一次性投资、运行费用和投资回收期三个方面。初期一次性投资不仅包括工程和设备费用，还包括相关配套费用；运行费用主要考虑当地电价；投资回收期是工程项目的净收益抵偿全部投资所需要的时间，是反映项目财务投资回收能力的重要指标。

49. 分布式储能系统适用于哪些场合？

答：分布式储能系统主要应用场景包含用户侧、分布式电源侧和电网侧等三个方面。

用户侧：分布式储能系统由于具有快速响应能力，可以作为不间断电源（UPS），在停电时确保重要负荷供电。分布式储能系统还可以通过在电价低时充电、在电价高时放电，帮助用户在不改变用电习惯的情况下进行错峰用电，从而降低购电费用，参与需求侧响应。另外，在用户侧接入分布式储能设备，能快速响应系统中的各种扰动，有效地维持电压幅值的变化，将波形畸变率控制在较小的范围内，从而提高用户电能质量。

分布式电源侧：风电、光伏等分布式能源的输出具有间歇性、随机性和波动性等特点，接入配电网后带来的诸多影响限制了其接入电网的容量。将分布式储能系统与分布式电源相结合，可显著改善这些分布式电源的运行特性，抑制其功率波动，增强功率可调度性，实现其端节点电压控制。

电网侧：利用分布式储能设备在高峰负荷时放电、在低谷负荷时充电，可有效实现负荷的削峰填谷。分布式储能系统具有响应速度快、输出功率控制精度高等特点，可被用于电网调频；同时，大量的分布式电源的接入会造成配电网中一些节点电压升高，分布式储能系统可被用来有效参与系统或馈线极调压。

因此，分布式储能系统可被用于有上述需求的场景中，可为电网公司、用电需要大且电能要求高的工业和商业企业及有储能需求的区域与公共建筑提供服务。

50. 分布式储能技术未来重点发展方向是什么？

答：目前分布式储能系统还存在着一些问题。相对于大电网的传统运行模式，分布式储能接入及出力具有分散布局、可控性差等特点。从电网调度角度而言，缺乏有效的调度手段，不利于分布式储能发挥其对电网频率、电压和电能质量的改善作用，可能会造成储能资源的较大浪费。针对以上问题，未来需要在以下方面进行深入探讨，并对未来重点发展方向进行设想。

通过配电侧的应用，对局域电网内现有分布式储能资源进行评估，开展补充性规划技术研究，可以在关键节点配置少量储能系统，以充分整合已有的储能资源。针对电网的调峰、调频和紧急事故响应需求，以及配电网的电压调节、清洁能源满额消纳和能源系统经济运行等需求，开展分布式储能的柔性负荷等响应资源的协同调控策略研究。

在分布式储能关键设备方面，要结合发电特点，选择和改进储能设备，使其有良好的适应性和较长的使用寿命；同时，对不同功率等级的分布式储能设备进行参数优化设计，提高设备运行效率，降低运维成本，实现分布式储能系统在不同应用模式下平滑切换。此外，高效、即插即用的储能变流器，高效的分布式储能监控设备，规模化的分布式储能协调调控设备也是发展分布式储能系统的关键。分布式储能系统的发展为未来光伏发电大规模走进千家万户提供了成熟的技术基础：将新能源渗透率由原来的15%提升到40%，有效缓解配电网增容扩建问题，节省用户电费支出，促进新能源发电、购电售电侧改革、智能配网建设三者融合。分布式储能系统不仅对电力、新能源汽车具有重要的市场价值，也能被广泛应用于家庭储能领域，既可以用来在电价低的时段储存电能并在电价高的时段使用，以达到节省电费的目的，也可以在边远地区，以及地震、飓风等自然灾害高发的地区，被当作应急电源使用，消除由于灾害或其他原因导致的频繁断电带来的不便。这些发展成果可提高清洁能源发电出力可控性；可提高电网平衡调节和安全保障能力；可提高供电可靠性、均衡性、连续性；可提高能源利用率。分布式储能技术的快速发展、成本的快速下降，使用户侧分布式储能调节的经济性优于供应侧，且优势将越来越明显。

51. 什么是冰蓄冷技术？

答：冰蓄冷技术是利用夜晚用电低谷时间，将冷媒（通常为乙二醇的水溶液）制成冰将冷量储存起来，白天用电高峰期融冰，将冰的相变潜热用于供冷的成套技术。这种蓄能措施能够有效地利用峰谷电价差，在满足终端供冷（热）需要的前提下降低运行成本，同时对电网的供需平衡具有一定的调节作用。

公共建筑耗能远高于民用建筑，由于工作时间的限制，电能消耗主要集中在白天，导致用电高峰期电力紧张，而夜晚低谷期电力不能得到充分利用。为了转移电力需求，平衡电力供应，国家采用分时计价的政策来调动离峰电力的积极性。冰蓄冷空调利用夜间低谷电力制冰储能以减小用电高峰期空调用电负荷和系统装机容量。在建筑层面上，冰蓄冷技术不一定能降低电耗，但是可以利用峰谷电价差值节约用电成本。而在国家整体层面上，冰蓄冷系统能够对供电系统进行“移峰填谷”，解决夜晚低谷期电力浪费的问题。

52. 冰蓄冷系统是如何组成的?

答：冰蓄冷系统主要分为蓄能系统和冷源系统，其中冷源系统多采用电驱动制冷机。蓄冷系统方式主要有以下几种。

冰盘管式系统：又称冷媒盘管式、直接蒸发式和外融冰式系统。这类制冷系统的蒸发器被直接放入蓄冷槽内，冰在蒸发器盘管上冻结或融化。

内融式冰蓄冷：冷水机组制出低温乙二醇水溶液

（二次冷媒）进入蓄冰槽里的盘管，使管外的水结成冰。融冰时温度较高的乙二醇水溶液进入蓄冰槽里的盘管，将管外的冰融化；而乙二醇水溶液的温度下降，再被抽回到空调负荷端使用。

动态制冰：该系统的基本组成是以制冰机作为制冷设备。制冷机被安装在蓄冰槽上方，在若干块平行板内通入制冷剂作为蒸发器使用。循环水泵不断将蓄冰槽中的水抽出送到蒸发器的上方喷洒而下，水在平板状蒸发器表面结成一层薄冰，待冰层达到一定厚度时，制冰设备中的四通换向阀切换，使压缩机的排气直接进入蒸发器而加热板面，使冰脱落。

53. 冰蓄冷的主要工作原理是什么？

答：蓄冷系统利用夜晚低价电生产冷量并将其储存，在高峰电价时段融冰释放冷量供应给终端用户以全部或部分替代冷源设备的运行。机组运行系统分为以下两种。

串联系统：冷源设备与蓄冰系统在流程中处于串联位置，利用循环泵维持系统内的流量与压力，供应空调所需的基本负荷。该模式不能使制冷设备和蓄冰设备共同供冷。

并联系统：冷源设备与蓄冰系统在系统中处于并联位置，利用板式换热器换热。当负荷较大时，二者可以联合供冷。机组工作模式有四种：

（1）制冰同时供冷模式；

（2）单制冷机供冷模式；

（3）单融冰供冷模式；

（4）制冷机与融冰同时供冷。

蓄冷空调系统的制冷设计容量可以小于常规空调系统，一般情况下可减少30%～50%。蓄冷空调系统的一次投资比常规空调系统要高，但是由于峰谷电价政策，它的运行费用较低。电价差值越大，其收益越高。

54. 评价冰蓄冷系统的性能有哪些指标?

答：评价冰蓄冷系统性能的主要指标包括蓄冷量、制冰率、融冰率、热损失、蓄冷温度与速率、使用寿命等。

蓄冷量：净可利用蓄冷量占理论蓄冷量的百分率是衡量蓄冷设备性能的一个重要指标，它被用于衡量蓄冷设备的使用率。但是此数值受很多因素的影响，如蓄冷系统的配置，设备的进出口温度等。对于冰蓄冷系统此数值可近似为融冰率。

制冰率：在冰蓄冷式系统中完成一个蓄冷循环时，蓄冰容器内水量中冰所占的比例。

融冰率：在冰蓄冷式系统中完成一个供冷循环时，蓄冰容器内融化的冰占总结冰量的百分比。

热损失：在蓄冷过程中，蓄冰槽内的冰因吸收外部热量而融化所造成的冷量流失。因此应该通过加强保温来降低热损失。

蓄冷温度与速率：蓄冷系统的蓄冷温度取决于蓄冷速率和这一时间蓄冷槽体的状态特性。对于蓄冷时间短的蓄冰系统，一般需要较高的蓄冷速率，即指较低的（平均）蓄冷温度蓄冷；反之，蓄冷速率慢，蓄冷温度较高。一般情况下，蓄冷设备生产厂商都可以提供各种蓄冷速率下最低蓄冷温度值。实际上蓄冷设备很少保持释冷速率恒定不变。

使用寿命：常规空调系统的使用寿命为 15 ~ 25 年，同样对于蓄冷设备的使用寿命也应加以限制，一般最少应有 15 年的使用寿命，以保证设备的可靠性。

其他因素如经济性、占地面积也应考虑。

55. 冰蓄冷系统未来重点发展方向是什么？

答：冰蓄冷系统未来重点的发展方向主要体现在以下几方面。

首先，开发适用于空调机组，固液相变潜热大，经久耐用的新型蓄冷介质。现在冰蓄冷装置主要与制冷机组相结合，新型有机蓄冷介质正在被不断发现，如常温下呈胶状的可凝胶，可通过冰蓄冷装置与送风系统结合进一步降低能耗。未来还可建立区域性的蓄冷空调供冷系统以降低初期投入成本。

其次，由于冰蓄冷装置较为复杂，且其运行效果受多方面因素影响，所以需要在实际运行中对水泵频率、供回水温度等参数的设定进行研究并给出相应的工程指导。

最后，虽然冰蓄冷装置具有降低机组容量，利用峰谷电价等优势，但是大部分蓄冷设备在冬季被闲置，转而采用其他方式供热，造成了一定资源的浪费。为此，急需研制一套空气换热器与冰蓄冷系统相结合的新系统，可以对现有的冰蓄冷系统进行改造，实现冬季供热，以提高设备利用率。

56. 什么是冷热电三联供技术?

答：冷热电三联供即天然气冷热电三联供，是以燃气作为一次能源，通过对其做功发电，产生热水和高温废气并加以利用，以达到同时满足服务对象在相同时空条件下的冷、热、电需求的能源供应系统。具体来说，其以天然气为主要燃料，带动燃气轮机、微燃机或内燃机发电机等燃气发电设备运行，产生的电力能满足服务对象的电力需求；系统发电后排出尾气中的余热，通过余热回收利用设备（如余热锅炉或者余热直燃机等），继续向服务对象供热、供冷。冷热电三联供是分布式能源的一种，可极大提高整个供能系统的一次能源利用率，实现能源的梯级利用，具有节约能源、改善环境、增加电力供应等综合效益；还可以提供并网电力作为骨干电网的电源备份，相互补充。在对用户同时供应冷、热、电三种产品的过程中，可充分利用一次能源（天然气）的热能，系统综合能源利用效率为 90% 以上；同时，在支付同等天然气成本的基础上，获取电价及热价两种收益来源，增加系统运行的总体收入，使整个系统的经济收益及效率均相应增加。

57. 冷热电三联供系统是如何组成的?

答： 冷热电三联供系统（图 3）一般主要由原动机（燃气轮机、微燃机或内燃机等）、发电机、废热回收装置（热交换器、余热锅炉等）、溴化锂吸收式制冷机几大部分组成。在用户侧，需同时满足冷、热、电三方面的使用需求。

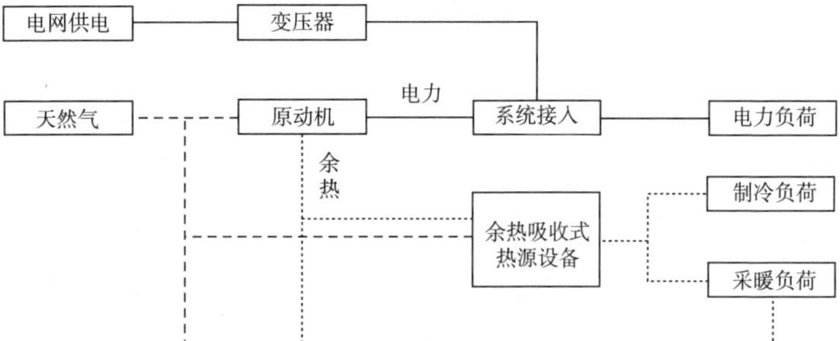

图 3　冷热电三联供系统

冷热电三联供系统的关键设备包括发电设备（燃气轮机发电机组、燃气内燃机发电机组等）、余热回收设备（换热器、余热锅炉）、溴化锂吸收式制冷机、辅助制冷热设备（燃气热水锅炉、电制冷机组、太阳能热水系统等）。

58. 冷热电三联供系统关键设备的工作原理分别是什么?

答：冷热电三联供系统的主要工作原理是天然气进入发电机组进行发电，产生的烟气和缸套冷却水通过热交换、热回收及制冷设备提供热量和冷量。关键设备的工作原理如下。

燃气轮机发电机组：压气机（即压缩机）连续地从大气中吸入空气并将其压缩，压缩后的空气进入燃烧室，与喷入的燃料混合后燃烧，成为高温燃气，随即流入燃气涡轮中膨胀做功，推动涡轮叶轮带着压气机叶轮一起旋转。加热后的高温燃气的做功能力显著提高，因而燃气涡轮在带动压气机的同时，尚有余功作为燃气轮机的输出机械功发电。

燃气内燃机发电机组：燃气发电机的发动机与发电机同轴连接、并置于整机底盘上。四冲程原动机采用天然气、煤层天然气或沼气等及以甲烷为主的气体作为燃料，燃料气体与空气混合后进入缸体，压缩后经高压电火花塞点火爆炸做功，活塞带动曲轴运动，曲轴与发电机相连，带动发电机发电。

换热器：一种在不同温度的两种或两种以上流体间实现物料之间热量传递的节能设备，它使热量由温度较高的流体传递给温度较低的流体，使流体温度达到流程规定的指标，以满足工艺条件的需要。

余热锅炉：顾名思义是指利用各种工业过程中的废气、废料或废液中的余热及其可燃物质燃烧后产生的热量把水加热到一定温度的锅炉。余热锅炉通过余热回收可以生产热水或蒸汽来供给其他工段使用。余热锅炉通常没有燃烧器，如果需要高压高温蒸汽可另行配置附加燃烧器。

溴化锂吸收式制冷机：溴化锂吸收式制冷机主要由发生器、冷凝器、蒸发器、吸收器、换热器、循环泵等几部分组成。在溴化锂吸收式制冷机运行过程中，当溴化锂水溶液在发生器内受到热媒水的加热后，溶液中的水不断汽化；随着水不断汽化，发生器内的溴化锂水溶液浓度不断升高，进入吸收器；水蒸气进入冷凝器，被冷凝器内的冷却水降温后凝结，成为高压低温的液态水；冷凝器内的水通过节流阀进入蒸发器时，急速膨胀而汽化，并在汽化过程中大量吸收蒸发器内冷媒水的热量，从而达到降温制冷的目的。在此过程中，低温水蒸气进入吸收器，被吸收器内的溴化锂水溶液吸收，溶液浓度逐步降低，再由循环泵送回发生器，整个循环结束。

燃气热水锅炉：燃气热水锅炉是锅炉的一个种类，以天然气作为燃料的锅炉，输出具有一定热能的蒸汽、高温水或有机热载体。其可分为“锅”和“炉”两部分：“锅”是容纳水和蒸汽的受压部件，对水进行加热、汽化和使汽水分离；“炉”是燃料燃烧或其他热能放热的场所，有燃烧设备和燃烧室炉膛及放热烟道等。

电制冷机组：电制冷机组属蒸汽压缩制冷系统，主要由压缩机、冷凝器、节流阀和蒸发器四个基本部件组成。它们之间用管道依次连接，形成一个封闭的系统，制冷剂在系统中不断循环流动，状态发生变化，与外界进行热量交换，系统经过蒸发、压缩、冷凝、节流四个基本过程完成一个制冷循环。

59. 冷热电三联供系统的性能评价关键指标有哪些?

答：冷热电三联供系统作为一种比较新的供能系统，虽然各主要关键设备都有较为完善的性能评价指标，但对综合系统而言，尚没有统一的评价指标可以全面地衡量系统的性能。通常而言，主要从能源利用效率、经济性和环境影响性三个方面对系统进行综合评价。

能效评价指标：是最早被用于衡量热力系统性能的指标，其中最主要的能效评价指标是一次能源利用率。冷热电三联供系统的一次能源利用率的大小取决于原动机（燃气轮机、微燃机或内燃机等）、废热回收装置（热交换器、余热锅炉等）、溴化锂制冷机的能源利用率。

经济评价指标：常见的经济评价指标包括运行成本、初投资、静态投资回收期、动态投资回收期、内部收益率等。通常情况下，重点对运行成本进行研究，以衡量系统的经济性优劣。对于冷热电三联供系统，运行成本包括燃气费用、外购电费用、定期维修费用、人工费用等。

环境评价指标：在冷热电三联供系统运行过程中，主要消耗的燃料是天然气，其主要成分是甲烷，甲烷燃烧会释放大量二氧化碳；同时，天然气作为一种清洁燃料，能减少二氧化硫和粉尘排放量近 100%，减少二氧化碳排放量 60% 和氮氧化合物排放量 50%。因此，在考虑系统长期运行对环境的影响时，可以将二氧化碳的排放量作为主要的关键指标进行管理。

60. 冷热电三联供系统适用于哪些场合?

答：天然气分布式能源冷热电三联供技术的应用效果直接取决于机组运行的特殊方式，在实际应用过程中，基于服务对象的内外部条件，设计集约可行、科学合理的方案，科学利用分布式能源的梯级综合优势，关注供热和发电等能源需求，达到良好的应用目的。

冷热电三联供系统的运行方式可分为如下几种。

供电：燃气发电机组的发电量不仅可用于部分供能源站，还可用于满足建筑物的基本用电需求。

供热和制冷：采暖负荷是由燃气锅炉产生的蒸汽进入汽水换热器，然后交换出热水供应；而制冷负荷是由燃气锅炉所产生的蒸汽进入制冷机组，然后凝结出冷水供应。

供生活热水：优先利用燃气内燃发电机组的余热，对生活热水进行制取，并由燃气锅炉补充不足的部分。因此，冷热电三联供系统适用于电价相对较高、有冷（热）负荷需求或有常年热水负荷需求的公共建筑，或对电源供应要求较高的用户及电力接入困难、需要备用发电机的用户。在目前政策和价格条件下，宾馆、综合商业及办公区、机场、交通枢纽、娱乐中心、产业园区等用户适于采用冷热电三联供系统。

对于冷热电三联供系统，应充分考虑资源条件、原辅材料、燃料和动力供应、交通运输条件、建设规模、投资规模、生产工艺、设备选型、节能环保安全等要素，从技术、经济等多方面进行详细的研究，并对项目建成后可能取得的技术经济效果进行预测。

61. 冷热电三联供技术未来重点发展方向是什么？

答：基于已经实施的冷热电三联供项目普遍存在

的问题分析，在目前的应用中，其主要面临燃料费用较高、冷热电负荷不匹配、发电上网受限带来的运行不稳定、运行成本高、长期收益低等一系列障碍。因此，需要将冷热电三联供系统与有稳定电力需求的设施结合起来，形成能源集成系统，提高系统的经济性及运行稳定性。

结合冷热电三联供形成能源集成系统是未来的重点发展方向。系统通常包括蓄能系统、热回收热泵系统、地源热泵系统及江水源热泵系统、可再生能源利用措施等多种技术路径的结合。其中，地源、海水源热泵消耗较少的电能，提供安全可靠的冷热源，系统可供暖、制冷、供生活热水，实现一机多用。蓄能系统利用夜间廉价电力制备白天需要的空调冷热能，如冰蓄冷或水蓄能技术通过“削峰填谷”缓解峰电时段用电紧张问题，同时提高整个能源系统的经济性。风能、太阳能、潮汐能等可再生能源完全独立于外界能源供应系统，独立地满足服务对象对安全、可靠、清洁的冷热电需求，符合区域能源系统最初的设想。

以冷热电三联供系统作为基础，综合运用热泵、蓄能及可再生能源等系统形成基于冷热电三联供的能源集成系统，一方面能发挥各个系统的优点，将各自的设备性能发挥到最佳；另一方面，在能源中心内，各种能源系统之间相互补充，能够提供更高效、更安全可靠、经济性优异的冷、热源及电能。

62. 什么是制冷制热系统?

答: 制冷制热系统是指室内或车内负责暖气及空气调节的系统或相关设备，其目的是建立有益于人类生存的室内人工环境。制冷制热系统可以控制空气的温度及湿度，提高室内的舒适度，它是大中型工业建筑或办公建筑中重要的一环，在制药、电子、关键任务设施及油气等领域和行业中，起到举足轻重的作用。

制冷制热系统的三个主要功能——暖气调节、通风及空气调节相互关联，目的是在合理的安装、运转及维修成本下，提供舒适的温度及适当的室内空气品质。在现代建筑中，上述机能（包括其控制系统，系统的设计及安装）被整合在一个或多个暖通空调系统中，由建筑设计者及机械、结构等工程师共同分析、设计并选定暖通空调系统，再由专业的机械承包商安装。

制冷制热系统主要由冷热源（锅炉、制冷机、余热回收利用装置等）、输送系统（水泵、风机、水或空气管网、调节阀门等）、末端设备（换热器、暖气片、风机盘管、空调机组等）、控制系统四大部分组成。

63. 制冷制热系统的性能评价关键指标有哪些?

答: 评价制冷制热系统主要围绕节能、舒适、健康、环保四个方面展开。节能即分析系统能耗；舒适是指使用采暖或空调后的空间让人感到舒服；健康主要考察室内空气品质；环保就是考察在系统运行过程中对环境的影响。

系统能耗：主要涉及制冷制热系统负荷的计算、制冷制热系统冷热媒驱动能耗、冷热源机组、空调末端设备的能耗计算及效率分析、经济性分析和寿命周期经济性分析。其将服务对象热过程、冷热源设备、采暖空调设备及机组的工作特性及系统控制方法等结合考虑，最终得到长时期内所消耗的能量，并为优化系统配置、运行策略提供数据基础和备选方案，以实现经济、合理地利用能源。

热舒适度：根据行业主要技术标准及普遍习惯，人体热舒适度的定义为人对热环境表示满意的意识状态，是指研究人体对热环境的主观热反应，得到人体热舒适度的环境参数组合的最佳范围和允许范围以及实现这一条件的控制、调节方法。影响人体热舒适度的环境参数主要有四个，即空气温度、气流速度、空气的相对湿度和平均辐射温度。人的自身参数两个，即衣服热阻和劳动强度。在国际标准中，将预计冷热感指标（PMV）、冷热舒适感预计不满率（PPD）体系及不满意百分比（PD）作为标准评价环境的热舒适度。

室内空气品质：即空气中没有浓度达到了公认的权威机构所确定的有害物浓度范围的已知的污染物。

处于该环境中的绝大多数人（≥80%）没有对室内空气标识不满意，则可以认为室内空气品质是可接受或是让人满意的。室内热舒适度和空气品质有着本质、密切的联系。影响热舒适度的主要因素是空气温湿度，这也影响着人对室内空气品质的感觉；气流组织形式不仅对热舒适有作用，而且可提供高品质的室内空气等。在上述评价指标基础上发展出了室内环境品质的概念，其涉及室内空气品质、舒适度、噪声等对室内人员心理和生理的影响，评价结果更加全面、准确。

系统在运行过程中对环境的影响：是以生命周期为标准进行评价的方法，重点评价系统在生态健康、人类健康和资源消耗领域内的环境影响。主要的分析因子包括能耗、温室气体排放和主要污染物排放，各要素的全寿命周期环境负荷是使用阶段的直接环境负荷，能源开采、生产、运输等阶段负荷的综合结果。其既考虑生产过程中的直接环境负荷，又考虑原材料消耗带来的间接环境负荷；重点关注能源资源的消耗，温室气体主要是二氧化碳的排放。主要污染物，重点是硫氧化物、氮氧化物、臭氧、一氧化碳等的排放。

64. 制冷制热系统适用于哪些场合?

答： 制冷制热系统按照使用特性可分为舒适性系统和工艺性系统；按照系统集中程度可分为集中式系统、半集中式系统、局部式系统。

舒适性系统：要求温度适宜、环境舒适，对温湿度的调节精度无严格要求，适用于住宅、办公室、影剧院、商场、体育馆、汽车、船舶、飞机等场合。

工艺性系统：对温湿度有一定的调节精度要求，对空气的洁净度也有较高的要求，适用于电子器件生产车间、精密仪器生产车间、计算机房、生物实验室及其他生产场所等场合。

集中式系统：适用于面积大、服务对象集中、各处热湿负荷比较接近的场合，如宾馆、办公楼、船舶、工矿企业等。

半集中式系统：系统比较复杂，调节精度较高，适用于对温湿度有较高要求的实验室、车间等场合。

局部式系统：适用于面积小、服务对象分散、各处热湿负荷相差较大的场合，如独立办公室、家庭住房、特种机房等。

65. 制冷制热技术未来重点发展方向是什么？

答： 作为生产、生活必需的保障系统，制冷制热技术的发展一直围绕几个核心目标进行——提升电力资源利用率、提高能源利用率；减少对使用环境的破坏和扰动；提高制冷制热系统的可靠性和安全性；减少建设初始投资、运营管理费用；减少土地占用、美化城市环境。技术的进步、应用的延伸和创新，给制冷制热技术未来发展带来了很多新兴领域和创新成果，综合而言，这主要体现在以下几方面。

降低制冷制热系统能耗，控制能源消费过快增长。实现多种能源的科学、合理、综合、集成应用，需求-供给侧的品位对应、温度对口、多能互补，降低总能耗。

提升制冷制热系统能源利用率。把一次能源多级梯次利用，把各种能源综合、集成利用，使我国的能源利用率逐步提升。

推动能源消费革命。按照不同的温度区域，在动力、热力等各种场合把能源用到合理、合适的地方，能够满足当地多种需求，适应当地特有的资源条件，构建新型能源消费结构。

推进能源供给革命。促进用户主动地选择利用率高的能源形式，以需求带动供给的转型，构建新型的能源供给结构。大力发展、利用可再生能源，少用或不用一次化石能，少烧或不烧可燃物质获得热量；大力发掘、利用各种低品位能源，挖掘利用各种余热、废热及浅层地能等低品位热量服务于需求侧。

66. 什么是分布式太阳能发电技术？

答：太阳能的利用方式有光热利用、光电利用和光化利用几种。其中，光热转换是将太阳辐射能收集起来，通过与物质的相互作用转换成热能加以利用。

光电利用即利用太阳辐射所产生的热能发电或利

用光生伏特效应将太阳辐射能直接转换为电能；光化利用即吸收光辐射导致化学反应而转换为化学能的过程，其基本形式有植物的光合作用和利用物质化学变化贮存太阳能的光化反应。作为电网企业，主要关注的是光热发电和光伏发电两种应用方式。根据发电系统的不同特性，光伏发电又可以分为集中式和分布式两种形式。

分布式光伏发电特指采用光伏组件将太阳能直接转换为电能的分布式发电系统。该系统在用户场地附近建设，运行方式以用户侧自发自用、多余电量上网为主，并且具有调节配电系统平衡功能的光伏发电设施。系统的建设遵循因地制宜、清洁高效、分散布局、就近利用的原则，不仅能够有效提高同等规模光伏电站的发电量，还有效解决了电力在升压及长途运输中的损耗问题。目前应用最为广泛的分布式光伏发电系统，主要是建在城市建筑物屋顶的光伏发电项目。该类项目必须接入公共电网，与公共电网一起为附近的用户供电。

67. 分布式太阳能发电系统是如何组成的？

答：根据不同的应用场合，太阳能光伏发电系统一般分为并网分布式光伏发电系统、离网分布式光伏发电系统等。

并网分布式光伏发电系统的组成部分一般包括太

阳能电池（光伏）组件、直流汇流箱（选配）、并网逆变器、用电负载、双向电能表、并网柜、监控系统和公共电网。离网分布式光伏发电系统的组成部分一般包括太阳能电池（光伏）组件、直流汇流箱（选配）、并网逆变器、用电负载、蓄电池组、太阳能控制器等。

由并网及离网两种分布式太阳能发电系统的组成可知，在分布式光伏发电系统中，主要的核心设备是太阳能电池（光伏）组件、直流汇流箱（选配）、并网逆变器。对于离网系统，储能蓄电池也是必不可少的组成部分。

68. 太阳能发电系统关键设备的工作原理分别是什么?

答：太阳能发电系统中，太阳能电池（光伏）组件和储能蓄电池为电源系统产生并储存能量，直流汇流箱和并网逆变器为控制保护系统，使光伏组件发电可控并保障其正常运行。

太阳能电池（光伏）组件：又称光伏电池，是太阳能光伏发电的能量转换器。其工作原理是光生伏特效应，即当太阳光照射在太阳能电池上时，电池吸收光能，产生光生电子-空穴对。在电池内建电场作用下，光生电子和空穴被分离，电池两端出现异性电荷积累现象，即产生“光生电压”。若在内建电场的两侧引出电极并接上负载，则负载就有“光生电流”流过，从而获得功率输出；太阳的光能就直接变成可以使用的电能。在相同的温度下，光照强度越大，太阳能电池板的开路电压和短路电流越大，输出功率也越大。但单体太阳能电池不能直接做电源使用，必须将若干单体电池串、并联和封装成组件。

直流汇流箱：是保证光伏组件有序连接和汇流功能的接线装置。汇流箱由箱体、直流断路器、直流熔断器、防反二极管、数据采集模块、保护单元、人机界面等主要部分组成，用于减少光电池阵列接入逆变器的连线，优化系统结构，提高其可靠性和可维护性。其在汇流防雷的同时，还监测太阳能电池（光伏）组件运行状态，汇流后电流、电压、功率，防雷器状态、直流断路器状态，继电器接点输出等。其带有风速、温度、辐照仪等传感器接口，标配的数据接口把测量和采集到的数据上传到监控系统。

并网逆变器：逆变器是一种由半导体器件组成的电力调整装置，由升压回路以及逆变桥式回路构成，主要用于把直流电转换成交流电。升压回路把太阳能电池的直流电压升压到逆变器输出控制所需的直流电压；逆变桥式回路则把升压后的直流电压等价地转换成常用频率的交流电压。逆变器主要由晶体管等开关元件构成，通过有规则地让开关元件重复开关，由直流电变交流电输出。一般还需要采用高频脉宽调制，使靠近正弦波两端的电压宽度变小，正弦波中央的电压宽度变大，并在半周期内始终让开关元件按一定频率朝一个方向动作，这样形成一个脉冲波列（拟正弦波），然后让脉冲波通过简单的滤波器形成正弦波。并网逆变器不仅具有直流电交流变换功能，还具有自动运行和停机、最大功率跟踪控制等功能。

储能蓄电池：是一个化学电源，其充电与放电过程是一种可逆的化学反应。以铅酸蓄电池为例，电能与化学能的相互转换，就是通过极板上的活性物质与电解液中的硫酸进行化学反应来实现的。当蓄电池与外部负载连接时，蓄电池通过浸在电解液中的两块正负极板之间的化学反应产生流，此电流驱动外部负载，将化学能转换成电能；使用充电装置将直流电压加在蓄电池上，当这个电压高于蓄电池电压时，电流从蓄电池的正极流入、负极流出，此时，在蓄电池内部会发生电化学反应，电能被转换成化学能。

69. 分布式太阳能发电系统的性能评价关键指标有哪些？

答：对分布式太阳能发电系统的性能进行评价应包括但不限于电站盈利能力、发电性能、安全性能、可靠性等指标。作为电站投资者最关心的是电站的建设和运营成本及投资收益。目前，核心的评价指标主要有两个，分别为电站运营期的度电成本、内部或全部投资收益率。电站运营期的度电成本，目前尚缺少适合我国实际、统一规范、科学合理的核算方法，而公开发表的文献主要参考了主流的计算模型测算结果。对电站投资收益率产生直接影响的主要包括售电及上网电价、系统发电量及自用比率、全生命周期成本等。其中，发电量是太阳辐射量、组件安装容量、综合效率系数、组件最大功率减损率、故障停机发电量损失率等多个因素综合作用的结果，而工程动态投资成本、固定运行成本及设备维护成本是全生命周期成本的主要组成。

系统的发电性能是由光照利用效率和电站固有性能两个方面决定的。光照利用效率受组件安装角度、电站位置差异修正和组件遮挡损失等方面的影响。电站固有性能是由组件最大功率减损、直流侧电能损失、逆变器加权转换效率和交流侧电能损失叠加后的最终效果。其中，影响组件最大功率的因素最为复杂，且通常包括组件的转换效率及自然衰减、串并联损失、组件温度对输出功率的影响、灰尘污渍对组件发电量的影响等方面。

安全是电站长期运行的基础，而系统安全性应从环境安全性、基础和结构安全性、电气安全性三个方面进行评价。环境安全性主要指地质安全性、气象安全性、周边安全性；基础和结构安全性主要指建筑物安全性、支架和基础安全性；电气安全性主要指系统设备防护安全、操作人员防护安全及系统运行安全。

系统可靠性主要从故障发电量损失和故障维修成本等方面进行考查。

70. 分布式太阳能发电系统适用于哪些场合？

答：分布式太阳能发电系统的适用场合可分为三大类。

（1）可在全国各类建筑物（如城市和农村的建筑屋顶、高耗能企业厂房等）和公共设施上推广，形成分布式建筑光伏系统。在这类对象上实施相应项目，应选择骨干电网覆盖区域和/或负荷集中区，根据实际要求，挑选、利用当地各类工、商企业建筑物，政府、学校、医院等公共设施的屋面、立面等位置，建立分布式太阳能发电系统。

（2）在我国的偏远农牧区、海岛等少电、无电地区广泛推广，根据实际需要，量身定制建设离网型分布式太阳能发电系统或微电网。发展建设离网型分布式太阳能发电系统，一方面可以解决处于电网末端的少电、无电地区居民的基本用电问题，另一方面可以清洁高效地利用当地的可再生能源，有效地解决能源和环境之间的矛盾，推动我国新时期内生态文明建设大力开展。

（3）利用荒山、荒坡、农业大棚、鱼塘、禽舍等无电力消费的设施建设分布式太阳能发电系统。在这类项目建设过程中，应遵循分布式发电系统的总体技术要求，即接入系统及消纳在35 kV及以下电压等级接入电网，项目单体容量不超过20000 kW，所发电量在并网点变电台区消纳的基本原则。

71. 分布式太阳能发电技术未来重点发展方向是什么？

答：组件和逆变器是分布式太阳能发电系统关键的核心设备。

组件的发展重点是支持钝化发射极背面接触电池技术、N 型单晶等高效率晶体硅电池、新型薄膜电池的产业化及关键设备研制，先进晶体硅光伏电池产业化转换效率为 23% 以上，薄膜光伏电池产业化转换效率显著提高。

和光伏组件的发展趋势相似，光伏逆变器也呈现六大发展趋势。

（1）逆变器硬件高速发展。碳化硅、控制器局域网络、性能优异的数字信号处理等各种新型器件和新型拓扑的应用，促使逆变器的工作效率不断提高，目前逆变器的最大工作效率已经达到 99%，下一个目标是最大工作效率达到 99. 5%。

（2）集中式逆变器功率加大，效率提高，电压等级升高。2. 5 MW 等更大功率等级的逆变器将被广泛应用，1500 V 系统将逐渐成为大型电站的发展趋势，可以节省、降低系统损耗。

（3）组串式逆变器单机功率不断提高，功率密度加大。目前，最大功率已达到80 kW，功率密度也在不断提高，重量不断减轻，以适应安装、维护困难的复杂应用环境。

（4）组件级产品越来越丰富。

（5）电网适应性不断增强。漏电流保护、静止无功发生器功能、低电压穿越、直流分量保护、绝缘阻抗检测保护、电势诱导衰减防护、防雷保护、太阳光电正负反接保护等不断完善的功能，使逆变器对电网的适应能力进一步增强，不断完善的保护功能让系统更加安全可靠。

（6）随着沿海、沙漠、高原等各种恶劣环境下的光伏电站应用增多，逆变器的抗腐蚀性、抗风沙等环境适应性能不断提高，以确保恶劣环境下的高可靠性。

72. 什么是生物质热电联产利用技术?

答：热电联产技术利用热机或发电站同时产生电力和有用的热量，是燃料的热力学有效使用。在单独的电力生产中，一些能量通过冷却塔、烟道或其他方式进入自然环境中，作为废热被丢弃；热电联产中这些废热被再次投入使用，被用于生活区域加热。

热电联产具有可减少温室气体排放、降低热电网输送系统的投资、增强能源供给的稳定性等优点，理论上其几乎适用于如天然气、煤、柴油、城市固体废弃物和生物质等的任何燃料。

生物质热电联产的原料包括农业废弃物、动物废弃物、林业木材废弃物、专用能源种植物、城市固体垃圾和掩埋气、污水处理生物质气、城市木材废弃物以及食品残渣。其潜在的优点通常包括降低温室气体和其他污染物排放、节省成本、加快地方经济发展、减少废弃物的数量、增强国内燃料供给的稳定性和更加灵活可靠等。

73. 生物质热电联产系统是如何组成的?

答：生物质转化是将生物质转化为可用于发电供热的能源的过程。生物质热电联产的主要转化技术为直接燃烧技术与气化技术。直接燃烧技术可追溯至19世纪,当今依然被广泛应用。直接燃烧热电联产系统主要组成部分包括燃料供应、锅炉、汽轮机/发电机、电力（热力）供应（图4）。通常，用于生物质燃烧的锅炉为炉排锅炉和流化床锅炉，这两种锅炉既可以完全依靠生物质来维持燃烧，也可以将煤与生物质混合燃烧。直接燃烧生物质热电联产系统与燃煤热电联产系统相比，增加了生物质准备工场、生物质处理设备（干燥器、筛选机和研磨机等）、捕集大颗粒粉尘的旋风分离器、处理细微粒的囊式集尘室、干式筛分系统、氮氧化物排放量控制装置等其他设备。

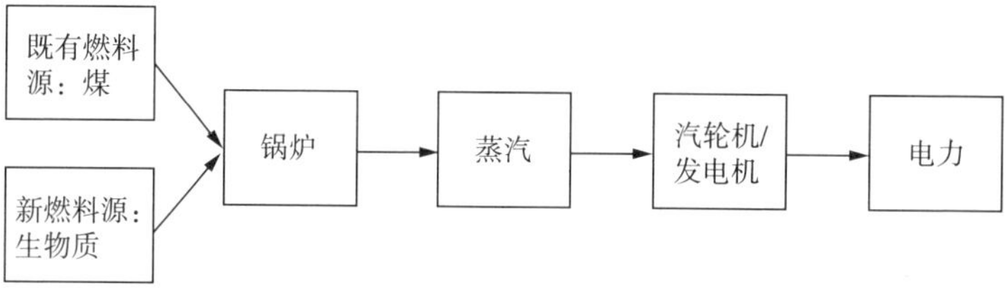

图 4　直接燃烧热电联产系统的主要组成部分

气化技术是指对生物质进行高温分解或厌氧发酵产生中、低热值的合成气。合成气的热值为 3726 ~ 18630 kJ/m^3，具体数值取决于生物质的含碳量、含氢量及汽化器的特性。生物质气化热电联产系统主要组成部分包括生物质气化装置、气体处理装置、锅炉或燃气轮机、发电机、电力（热力）供应。气化技术与直接燃烧技术相比，具有气体燃料用途广泛、适于处理不同类型的生物质原料以及低排放量的特点。对于生物质直接燃烧的热电联产系统而言，主要的关键设备包括生物质燃料成型设备、生物质燃料锅炉、汽轮机、发电机；对于生物质气化热电联产系统，主要的关键设备包括生物质燃料气化装置、内燃机或燃气轮机、发电机。

74. 生物质热电联产系统关键设备的工作原理分别是什么?

答：生物质燃料成型设备：主要核心技术是进入

成型机原料的尺寸和湿度控制、成型压力和温度的控制、模具等部件的耐磨性和强度的控制。成型过程即对农林废弃物进行前处理后，送入并经过成型设备主轴上的一个动模，物料在设备的定/动模之间逐渐被挤压升温，经模具孔内挤压成型（圆柱形或方柱形）而出，切断为一定长度的块状或颗粒冷却后即可。成型燃料按形状主要分为压块和颗粒；按主轴设置方位分为立式和卧式。

生物质燃料锅炉：是锅炉的一个种类，是以生物质能源作为燃料的锅炉，输出具有一定热能的蒸汽、高温水或有机热载体，可分为“锅”和“炉”两部分。“锅”是容纳水和蒸汽的受压部件，对水进行加热、汽化和使汽水分离；“炉”是进行燃料燃烧或其他热能放热的场所，有燃烧设备和燃烧室炉膛及放热烟道等。一般采用往复炉排，在结构上相对传统锅炉炉膛空间较大，同时布置合理的二次风，有利于生物质燃料燃烧时瞬间析出的大量挥发物被充分燃烧。其通常包括给料系统、燃烧系统、吹灰系统、烟风系统、自控系统等组成部分。

生物质燃料气化装置：在特定的装置内和一定的热力学条件下，借助空气部分（或者氧气）、水蒸气的作用，使生物质的高聚物发生热解、氧化、还原重整反应，最终转化为一氧化碳、氢气和低分子烃类等可燃气体。其也称为气化炉。

75. 对生物质热电联产系统的性能评价关键指标有哪些?

答: 作为以直接燃烧生物质或其气化产物为燃料来源的热电联产、向用户提供电力及热力复合产品的系统,其目标是得到较高的生物质能利用率、较高的二氧化碳减排率、较高的系统经济性能指数。评价指标主要有三个,即总能利用率、生物质热电联产与普通分产系统相比的二氧化碳减排率、经济评价指数。

总能利用率。总能系统的能量利用效率,由能量转换效率和余热利用效率组成。能量利用效率是生物质燃料直接燃烧或气化产物燃烧,用于发电和驱动动力装置所做的功,即化学燃烧热转换为机械能用于发电或驱动动力装置,是有效能量与供给能量的比值。锅炉、内燃机或燃气轮机排出的烟气蕴含大量的热量,但不可能全部被利用,经技术、经济分析所确定的可利用余热为资源量。余热利用效率即是可利用余热资源量与烟气蕴含热量的比值。提高总能利用率关键在于提高余热资源回收率和减少能量损失。

生物质热电联产与普通分产系统相比的二氧化碳减排率。生物质热电联产系统的二氧化碳减排效果由以下两部分组成:热电联产与普通分产系统相比减少的燃料消耗,带来的二氧化碳减排量;使用生物质燃料后,二氧化碳的排放和吸收构成自然界碳循环,其能源利用可实现二氧化碳零排放,相应减少了燃烧化石燃料排放的二氧化碳总量。

经济评价指数。生物质热电联产的主要特点是使用生物质燃料既发电又对外售热，因此，经济评价主要关注项目一次性初投资、运营期燃料价格波动及其他成本发生、售电及供热收入等方面，其中对收入产生决定性影响的两个因素是年利用小时数和热价。

76. 生物质热电联产系统适用于哪些地区？

答：首先，与传统的燃煤热电联产相比，生物质热电联产在解决能源问题的同时，对环境影响较小，符合目前大力倡导节能减排的趋势。其次，与现阶段受到追捧的燃气热电联产相比，生物质热电联产对燃料的要求较低，燃料的来源丰富、渠道多样，具备燃料成本较低的优势。再次，以生物质为燃料的热电联产项目，不同于常规化石燃料项目，应从生物质热电联产的宏观政策环境、产业政策要求及行业准入条件，生物质热电联产项目的主要设计数据，资源量等方面进行充分研究方能得出结论。

生物质热电联产项目具有生物质能利用和热电联产双重属性，是国家鼓励、支持和推广的项目，不应以不符合常规热电联产的准入条件予以否定。

在热电联产方案选择上，生物质热电联产系统有望在环保要求较高、燃料储量充沛易于获取、供应价格合理的适宜地区进行推广；特别是在广大农村地区及山区林地内，可对农林废弃物进行能源资源化转变，具备较强的可行性。生物质燃料比传统煤炭类化石燃料成本高，同时受到地域区别、气候差别、土壤条件和生物质原料分布不均的限制，还不能保证完全稳定、可持续地进行产业化生产。因此，生物质热电联产系统适用于就近可以提供充足的原料且有热电需求的地区。

77. 生物质热电联产技术未来重点发展方向是什么?

答：生物质热电联产技术是综合应用生物质燃料及热电联产系统的联合解决方案，因此，该技术未来重点发展主要体现在以下几个方面。

生物质气化转化技术：对生物质原料进行高温分解或厌氧发酵，产生中、低热值的合成气。具体热值取决于生物质的含碳量、含氢量及汽化器的特性。汽化器制成的合成气产品中含有多种类型的污染物，在用作下游设备的燃料之前，需要进行净化。在高温、高压条件下生产的合成气无须压缩可直接引入燃气轮机燃烧。为了减少引气、净化过程中的热损失，针对高压、高温气体的净化技术成为重点研究方向之一。

有机朗肯循环：该技术适用于低温余热发电，可以与生物质气化内燃机发电联合运行，以内燃机的排气余热供给含有有机朗肯循环装置的蒸发器，驱动系统运行，实现发电及供热，将生物质气的能量最大化利用。

生物质混燃：把部分生物质和部分煤混合燃烧，从而减少一部分煤耗。该技术在挪威、瑞典、芬兰和美国已得到较为广泛的应用，但在我国的应用尚不多见，具有很大的发展潜力。其研究重点是解决生物质燃料的选择和燃烧积灰等问题。

78. 生物质热电联产技术的发展会给其未来应用带来什么变化？

答：技术的发展必然给生物质热电联产的商业化应用带来深远的影响，主要体现在以下三个方面。

（1）可利用的生物质原料种类越来越多。从较为传统的秸秆、锯末、甘蔗渣、稻糠等农林生产废弃物，拓展到动物粪便、城市垃圾、有机废水等方面。这一方面使原料的获取更加便利，另一方面增加了资源循环利用效率。

（2）拓展了生物质原料利用的时空范围，提高了可利用资源率和总能利用率。随着技术的发展，除了对固体生物质燃料直接燃烧，还可将不同的原料进一步加工为气体、液体等形式，便于长期贮藏、远距离运输、综合化利用。这一方面大大改善了资源获取与利用间的吻合度，另一方面提高了能源系统的总能利用率，从而进一步减少二氧化碳排放总量。

（3）进一步降低了生物质燃料燃烧时排放的尾气等对环境的次生影响，减少了民众对生产设施的抵触，便于靠近负荷中心选址建设，降低了项目全部初投资、提高了经济收益，有助于改善项目运营的总体经济性。

79. 什么是地热发电技术？

答：地热发电是以地下热水和蒸汽为动力源的一种新型发电技术。其基本原理与火力发电类似，根据能量转换原理，先把地热能转换为机械能，再把机械能转换为电能。地热能是来自地球深处的可再生热能，它来源于地球的熔融岩浆和放射性物质的衰变。地下水深处的循环和来自极深处的岩浆侵入地壳后，把热量从地下深处带至近表层。根据地热能的赋存形式其可分为蒸汽型、热水型、干热岩型、地压型和岩浆型五类。从地热能的开发和能量转换的角度来说，上述五类地热资源都可以被用来发电，但目前，开发利用得较多的是蒸汽型及热水型两类资源。目前，根据地热资源勘查资料，安徽省大别山地区有温度较高的地热资源。

80. 地热发电技术主要分为哪几类？

答：地热发电技术主要有以下四大类。

直接蒸汽法。在干蒸汽田上，从热井喷出的是温度和压力都比较高的蒸汽，将其过滤后，可直接使用管道输入电厂驱动汽轮机发电。

汽水分离法。把从地热井喷出的蒸汽和热水夹杂物，引进汽水分离装置装配，将分离出的蒸汽送进汽轮机。

减压扩容法。把喷出或用水泵抽出的温度较高的热水导入扩容蒸发装置，由于压力下降，一部分水蒸发变为水蒸气，将蒸发出的水蒸气送进汽轮机。

低沸点工质法。以地下热水为放热物质，经由热交换器把热量传给低沸点的工质，使其沸腾并产生蒸汽，然后用这类蒸汽驱动汽轮发电机组。

81. 地热发电系统是如何组成的？

答：不同的地热发电技术，其系统组成也存在一定的差异性，但基本由地热井、热能与机械能转换装置、发电机等部分组成。

地热井：指的是利用井深3500 m左右的地热能或水温大于30 ℃的温泉水来进行发电的方法和装置。地热分为高温、中温和低温三类：高于150 ℃，以蒸汽形式存在的，属高温地热；90～150 ℃，以水和蒸汽的混合物等形式存在的，属中温地热；高于25 ℃、低于90 ℃，以温水、温热水、热水等形式存在的，属低温地热。

蒸汽过滤器：对蒸汽进行净化除杂的过滤设备。其通常被安装在设备的进口端，当流体进入置有一定规格的滤网的滤筒后，其杂质被阻挡，而洁净的蒸汽则由过滤器出口排出。

汽水分离器：目的是除去不能通过疏水阀排掉的悬浮在蒸汽中的水分。其一般有挡板型、汽旋型、吸附型三种形式。挡板型分离器由很多挡板构成，流体在分离器内多次改变流动方向，由于悬浮的水滴有较大的质量和惯性，当遇到挡板流动方向改变时，干蒸汽可以绕过挡板继续向前，而水滴就会积聚在挡板上，最后落到分离器的底部，通过疏水阀排出。汽旋型分离器使用了一连串肋片以便产生高速气旋，在分离器内高速旋转流动的蒸汽，蒸汽在旋转的过程中产生离心力，将密度较大的液滴甩向筒壁，液滴一旦与筒壁接触，便失去惯性力而靠入口速度的动量和向下的重力沿壁面下落，进入底流口。吸附型分离器内部的蒸汽通道上有一个阻碍物，一般是一个金属网垫，悬浮的水滴遇到它后被吸附，水滴大到一定程度后，由于重力作用落到分离器底部。

扩容减压器：利用物质的沸点随压力增大而升高、压力越低沸点就越低的原理，使高压高温流体经过减压后沸点降低，进入闪蒸罐后，流体温度高于该压力下的沸点，流体在闪蒸罐中迅速沸腾汽化，并实现两相分离。在实际应用中，来自地热井的地热水在扩容减压器中经过膨胀扩容、降压蒸发，成为蒸汽推动汽轮机工作发电。

82. 对地热发电系统的性能评价关键指标有哪些?

答: 基于热力学第一定律，对各种地热发电系统的各个组成部件及系统进行能量和质量的平衡分析，可知系统的性能的关键评价指标如下。

电站单位热水净发电量：每吨地热水的净发电量。对于中、低温地热发电系统而言，每吨地热流体净发电量，一般在1.5~5.0 kWh/t范围内变化，其最终是由地热流体的温度决定的。

发电系统净效率：电站输出净功率的热当量与地热流体的循环加热量之比。对于中、低温地热发电系统而言，系统的发电效率通常为4%~13%。

发电系统最佳蒸发温度：闪蒸器内能使热水热能转换成最大机械能的蒸发温度，也就是能够用最少水量生产1 kW·h电能的温度。

发电系统的产汽率：发电站每发出1 kW·h电能所消耗的蒸汽量，一般为3%~13%。

总体而言，地热发电系统的各项性能指标直接冷却优于间接冷却，两级发电系统的净发电量高于单级闪蒸的净发电量。

83. 地热发电适用于哪些地区?

答: 开展地热发电应用的最根本条件是具备储量丰富、温度适宜、适于进行商业开采的地热资源。

我国是地热资源相对丰富的国家，地热资源总量约占全球的7.9%，可采储量相当于4626.5亿吨标准煤。我国的高温地热资源（热储温度≥150 ℃）主要分布在藏南、滇西、川西以及台湾地区。其中，环太平洋地热带通过我国的台湾地区，高温温泉在90处以上；地中海-喜马拉雅地热带通过西藏南部和云南、四川西部。西藏高温地热田主要集中在羊八井裂谷带，其中藏南西部、东部及中部约有108个高温地热田，构成中国高温地热田最富集的地带。云南是全国发现温泉最多的省，高温地热田主要分布在怒江以西的腾冲-瑞丽地区，约20处；川西分布着8个高温地热区，为藏滇高温地热带的一部分。上述地区的高温地热资源最有利于进行地热发电利用。我国最著名的地热发电站在西藏羊八井镇，其位于拉萨市西北90 km的当雄县境内，这里有规模宏大的喷泉与间歇喷泉、温泉、热泉、沸泉、热水湖等，地热田面积达17.1 km^2，是我国目前已探明的最大高温地热湿蒸汽田，是我国大陆开发的第一个湿蒸汽田，也是世界上海拔最高的地热发电站。

除此以外，在我国广阔地域内还分布着大量的中、低温地热资源，随着技术的发展其具备一定的发电利用潜力。是否适宜进行地热发电项目的建设，应重点从以下几个方面进行分析论证。

地热发电的宏观政策环境、产业政策要求及行业准入条件。当前国家层面大力发展地热能的决心非常坚定，近期地热能开发利用以浅层地温能供暖（制冷）、中深层地热能供暖及综合利用为主，远期发展中温地热发电和干热岩发电。

地下资源储量及可开采量摸底。对拟建设地区的地质条件、盖层特征、热传导条件、热储层特征进行摸底，对区块内地热资源温度、水量、压力、水质、储量、分布进行勘察，在勘察结果的基础上分析开采方式、可采年限等基础条件。对于具体的地热资源，需要从地热温度、地热总储量、地热水品质等方面，结合发电效率、运行维护、设备投资、环境保护等因素综合考虑，进而确定适合该地热资源的具体的发电技术路线。

84. 地热发电技术未来重点发展方向是什么？

答：新型的联合循环发电技术是地热发电技术的发展方向。单一的蒸汽朗肯循环发电技术存在着一定的缺陷，如循环效率较低，仅为20%以下；尾水排放温度较高，一般在100 ℃以上；地热能利用不够充分等。而双工质循环和卡琳娜循环发电技术虽然系统较为复杂，涉及两套工质系统，但尾水排放温度可以降至60 ℃以下，系统总体循环效率高，对地热资源的利用充分。

在未来的地热发电技术中，可以采用联合循环的方式，即在地热水的高温阶段，采用扩容式蒸汽发电系统，简单、低成本地利用地热能的高温区域部分能量；在地热水温度不能满足扩容发电方式的运行条件时，采用双工质循环或卡琳娜循环技术，充分利用地热能的低温区域部分能量，最大限度地降低尾水排放温度、提高地热发电循环的总体利用效率。

除此以外，还可以将地热发电与太阳能热利用系统相结合。在双工质循环或卡琳娜循环中，在低温地热水的热交换阶段，引入太阳能热利用方式加热地热水，克服该阶段地热水温度较低、能源品位较低的弱点，提高系统总体循环效率。

目前，我国的地热发电在可再生能源应用中占比较小，随着技术的进步和国家政策的双重推动，未来会呈现较大的应用突破。

85. 什么是余热回收技术？

答：余热是指已投运的工业企业耗能装置中，原始设计中未被合理利用的显热和潜热。余热的产生主要受限于生产需求和技术手段。余热可分为高温废气余热、冷却介质余热、废汽废水余热、高温产品和炉渣余热、化学反应余热、废气废液和废料余热等。根据调查，各行业的余热总资源占其燃料消耗总量的17% ~67%，可回收利用的余热资源约为余热总资源的60%。为了解决当前能源紧缺问题和环境污染问题，余热回收技术开始被广泛运用。余热回收的最佳方式是根据余热的品质，按照温度高低顺序阶梯利用，即能量梯级利用，尤其在区域级的多主体中对于余热资源的综合利用，可以最大限度地利用余热资源。

以燃气锅炉烟气回收为例。燃气供热方式的最大能量损失是烟气余热排放，其中燃气锅炉通过烟气排放的热量占燃气总热能的20%以上，燃气热电厂排放的热量占总热能的30%左右。由此可知，烟气余热回收方面存在巨大的节能潜力。

86. 余热回收技术的主要工作原理是什么？

答：余热回收技术的主要工作原理是利用热交换技术、热功转换技术、余热制冷制热技术等对工业余热进行回收利用。余热的回收利用途径很多，最佳方式是按照温度进行梯级综合运用。下面介绍余热回收部分设备的主要工作原理。

换热器：把换热器放置在离烟道出口较近，温度较高的地方回收余热，将回收到的热空气送进窑炉与燃气形成混合气进行燃烧，可节约能源35%～55%，直接降低生产成本，增加经济效益。

热管余热回收器（气-水）：热管余热回收器是燃煤、油、气锅炉专用设备，被安装在锅炉烟口，回收烟气余热加热生活用水或锅炉补水。工作时，烟气流经热管余热回收器烟道冲刷热管下端，热管吸热后将热量导至上端，热管上端放热将水加热。

吸收式制冷技术：吸收制冷的基本原理一般分为以下五个步骤。

（1）利用工作热源（如水蒸气、热水及燃气等）在发生器中加热由溶液泵从吸收器中输送的具有一定浓度的溶液，并使溶液中的大部分低沸点制冷剂蒸发。

（2）制冷剂蒸汽进入冷凝器中，又被冷却介质冷凝成制冷剂液体，再经节流器降到蒸发压力。

（3）制冷剂经节流进入蒸发器中，吸收被冷却系统中的热量而激化成蒸发压力下的制冷剂蒸汽。

（4）在发生器中经发生过程剩余的溶液（高沸点的吸收剂以及少量未蒸发的制冷剂）经吸收剂节流器降到蒸发压力进入吸收器中，与从蒸发器出来的低压制冷剂蒸汽混合，并吸收低压制冷剂蒸汽恢复到原来的浓度。

（5）在吸收器中用冷却水冷却混合溶液，在吸收器中恢复了浓度的溶液又经溶液泵升压后被送入发生器中继续循环。

热泵：热泵一般由压缩机、冷凝器、节流阀和蒸发器组成。它的工作过程与制冷系统是一致的——低温低压的液态制冷剂首先通过蒸发器，在低位热源环境下吸收热量汽化，在压缩机中经外力做功形成高温高压的蒸汽，然后在冷凝器中散热冷凝，将潜热释放至高位热源，最后经节流装置（如膨胀阀）恢复成低温低压液体，形成循环。

87. 余热回收一般有哪些技术形式？

答：余热回收利用途径很多。一般来说，综合利用余热最好，其次是直接利用，再次是间接利用（余热发电）。根据余热的品质，按照温度高低进行梯级利用，主要有以下几种技术形式。

预热工质：可通过预热锅炉或助燃空气，减少反应所需能耗。

余热锅炉：采用蒸汽发生器，即余热锅炉回收余热是提高能源利用率的重要手段，冶金行业近80%的烟气余热是通过余热锅炉回收的，节能效果显著。

热功转换技术：按照工质分类，热功转换技术可分为传统的以水为工质的蒸汽透平发电技术和以低沸点为工质的有机工质发电技术。

余热制冷技术：利用吸收式制冷系统可运用廉价能源和低品位热能而避免电耗，解决电力供应不足的问题。以溴化锂水溶液为工质的吸收式制冷系统应用最广泛，一般可利用80～250 ℃范围的低温热源，但由于用水做制冷剂，只能制取0 ℃或5 ℃以上的冷媒温度，多用于空气调节或工业用冷冻水。其性能系数多不超过2，远低于压缩式制冷系统，但是此类机组可以利用低温工业余热、太阳能、地热等低品位热能，不消耗高品质电能，在工业余热利用方面有一定优势。

热泵技术：工业生产中存在大量略高于环境温度的废热（30～60 ℃），如工业冲渣水、冷却废水、火电厂循环水、油田废水、低温的烟气、水汽等。其温度很低，但余热量大，（水源）热泵技术常被用于回收此类余热资源。

88. 余热回收技术适用于哪些场合？

答：工业生产（如冶金行业）：常用余热锅炉回收余热，余热锅炉中不发生燃烧过程，从本质上讲只是一个气-水/蒸汽的换热器，可利用高温烟气余热、化学反应余热、可燃气体余热及高温产品余热等生产高压、中压或低压蒸汽或热水，用于工艺流程或进入管网供热。

热电联产供热：发电厂余热被用于城市管网供热，直接供热系统利用蒸汽加热采暖循环水后直接向用户供热，这种方式适用于供热面积较小的采暖系统。间接供热采暖系统是将供热系统分为两个循环回路，分别称为一次网和二次网，通过换热站内的表面式换热器将两个循环回路联系在一起。高温水在一次网中循环，低温水在二次网中循环，高温水通过表面式换热器加热低温水系统。

烟气余热回收：如北京正在推广的燃气-蒸汽联合循环电厂。烟气余热可用于供暖、供冷及热功转换。

建筑空调系统余热回收：建筑空调系统的回风与新风通过热交换器换热以降低能耗。

89. 余热回收技术未来重点发展方向是什么?

答: 目前我国尤其是北方地区，空气污染严重，余热回收技术是缓解这一问题的有效手段之一。为了更好地对工业余热进行回收利用，需要解决烟气带来的换热器腐蚀问题。由于排烟中硫化物会在低于露点温度的部位凝聚成硫酸，腐蚀设备，目前常用的解决办法有用耐腐蚀性材料制作换热装置或外镀新型防腐镀膜。另外，也可采用直接接触式换热设备，通过控制喷淋水的 pH 解决露点腐蚀问题。但还需深入研究低温余热的回收问题以实现余热深度回收系统的构建。对锅炉而言，烟气冷凝温度一般在 57 ℃以下，这部分热量常常难以被利用。我国集中供暖地区热水回水温度为 50 ℃左右，不能够很好地通过换热利用烟气的冷凝热。为了更好地利用这部分余热，可采用一种基于吸收式热泵的直接接触式烟气冷凝余热回收供热系统。该系统的特点是采用热泵方式产生较低温度的冷水，通过直接接触式烟气冷凝换热器回收烟气的冷凝热用于对热网供热。

90. 什么是绿色照明?

答: 绿色照明是美国国家环保局 20 世纪 90 年代初期提出的保护环境、节能高效的照明理念。绿色照明的内涵包括四项指标：高效节能、环保、安全和舒适。1993 年，中共人民共和国国家经济贸易委员会开始启动绿色照明工程并于1996年正式将其列入国家计划。人工照明来源主要为电能，而电能大多来源于化石燃料的燃烧（我国照明用电约占总用电量的12%，节能潜力巨大）。绿色照明技术可以用较少的电耗获得较好的照明效果，减少电厂燃料消耗，降低大气污染物排放量，达到节能环保的目的。但是照明节能的实现不能牺牲照明效果和提供舒适的照明环境。因此，绿色照明对照明质量和视觉环境提出了更高的要求，照明效率的提高应该通过科技创新达成。高效节能的照明器材是首要因素，正确合理的照明工程设计对绿色照明条件的改善起着决定性的作用。

91. 实现绿色照明的主要技术手段和设备都有哪些?

答: 实现绿色照明的主要技术手段有重视照明工程设计，采用高效节能的电光源、电器附件、灯具、配线器材等，采用节能控制设备和器件及充分利用自然光照明。

在照明设计过程中除了通过合理的光源布置来降低能耗、提升舒适性，还应注重光源的照明质量，如重视照明系统的显色性和相关色温。显色性对视觉效果和舒适度都有很大影响，我国照明标准已对不同类别建筑场所显色性要求进行分级，但目前照明工程对显色指数的重视度不够。在色温的选择方面，一般情况下较低温度场所宜用暖色调，较高温度场所宜用冷色调。

高效节能的光源：我国主要采用的照明光源有白炽灯、荧光灯、气体放电灯、半导体灯等，其中白炽灯因其低效、显色性差、环保性能差被逐步淘汰。目前被大力推广的灯具有金属卤化物灯和发光二极管（LED）。

灯具设计：除了光源的选择，还应选用高效节能的配合灯具和电器附件。例如，选择配光合理、反射效率高、耐久性好的灯具和高效节能的电感镇流器。

节能控制系统：可通过时间程序控制，配合光传感器、声传感器和热辐射传感器进行控光、调光。

自然光照明：与人工照明相比，自然光更加均匀且舒适，并且不需耗能。但是对自然光的利用易受时间、空间影响，可以在大型建筑物内部开设采光中庭，利用反光板改善建筑内区及地下室光环境，利用光导管和光导纤维进行日光收集和利用，以减少人工照明的需求量。

92. 对绿色照明的性能评价关键指标有哪些？

答： 绿色照明的性能评价指标与它的主要原则一一对应，包括高效节能、环保、安全和舒适四个方面。

高效节能方面主要评价指标为发光效率，即单位用电量产生的光照强度；使用寿命即目前光源使用寿命可以维持90%效率在20000 h以上；显色性能即显色指数衡量。光通维持率即灯在寿命期间一特定时间的光通量与该灯的初始光通量之比，以百分数来表示。随着点燃时间的增加，光源的光通量会下降。有效寿命就是根据光通维持率定义的。当光通维持率低于50%时可视为灯已达到使用寿命。

环保方面主要评价指标为有害物质排放量和碳足迹（整个生命周期内的碳排放量，用来衡量产品的耗能情况）。其有害物质排放量主要由耗电量间接计算得出。

安全方面最重要的是电气安全，此外还包括紫外线、蓝光、近红外线伤害等光生物安全评价。

在舒适方面需要考虑色温、显色指数、色差、色参数的寿命维持及眩光效应。

93. 绿色照明未来重点发展方向是什么？

答：光源是绿色照明的核心，应进一步提高光源发光效率，根据显色性能和使用寿命来营造更舒适的光环境，同时达到节能环保的目的。未来将进行高效环保的光源如高压钠灯、金属卤化物灯的研究优化，提升其性能并降低生产成本。

在照明控制系统方向，智能照明系统的构建是重点研究方向。它集多种照明方式，现代化数字技术和网络化布线技术于一体，使照明控制和后续维护更加简单。

太阳能是最清洁、高效的能源。自然光的均匀度接近100%，可以作为最节能环保且舒适度高的光源使用。如何利用反光板、光导管等工具提高自然光照效率是未来研究的重点。除了利用太阳光直接照明，能够与太阳能储能相结合的照明设备等也是未来研究的重点。

94. 什么是电机变频技术?

答：电机，俗称“马达”，是指依据电磁感应定律实现电能转换或传递的一种电磁装置。它的主要作用是产生驱动转矩，作为用电器或各种机械的动力源。变频技术实际是利用电机控制学原理，通过变频器对电机进行控制。通过电频率的改变调节负载，起到降低能耗、减小损耗、延长设备使用寿命等作用。

变频技术主要分为直流变频和交流变频。它的核心是变频器，是利用电力半导体器件的通断作用将工频电源变换为另一频率的电能控制装置。目前，变频器主要采用“交—直—交”方式，通过整流器转换为直流电源，再将直流电源转化为频率，电压可控制的交流电源以供给发动机使用。用于此类控制的电动机叫作变频电动机。常见的变频电动机包括三相异步电动机、直流无刷电动机、交流无刷电动机及开关磁阻电动机等。随着电力电子技术及新型半导体器件的迅速发展，交流调速技术得到不断的完善和提高，逐步完善的变频器以其良好的输出波形、优异的性能价格比得到广泛应用。例如，钢厂用于轧钢的大型电动机和中、小型辊道电动机、铁路及城市轨道交通用牵引电动机、电梯电动机、集装箱起吊设备用起重电动机、水泵和风机用电动机、压缩机、家用电器用电动机等都相继使用交流变频调速电动机，并取得了良好效果。

95. 电动机变频技术及节能的主要工作原理是什么?

答：变频器使用的调速方法是通过改变定子频率进行异步电动机转速的调节。电动机的旋转速度与频率成比例，故改变频率可以成正比改变电动机的旋转速度。电动机使用变频器就是为了调速，并降低启动电流。

变频器主要是利用电力半导体器件的通断作用，使得频率无法改变的交流电转换成可以改变的直流电，从而实现变频调速，而且这些是在不改变电压的情况下发生的。变频器是变频技术的主要载体，它的原理是应用变频技术与微电子技术，通过改变电动机工作电源频率的方式来控制交流电动机。其构成比较复杂，可以改变电流频率，解决了设备寿命短、耗费大量电能的问题，使得企业的成本得到更好的优化与节约。

电动机变频的节能方法主要有变频调速节能法、

提高功率因数节能法、软启动节能法。

变频调速节能法：设备容量过大可能会产生浪费工频的情况，通过变频调速的手段，降低设备的运行速度可以产生非常显著的节能效果。

提高功率因数节能法：有些时候不必要对电动机进行调速，这时提高功率因数就成为变频器节能效果的主要表现，它能减少线路功率的消耗。

软启动节能法：电动机全压启动、星–三角降压启动和自耦变压器减压启动时，启动电流能达到4～6倍的额定电流。启动电流如此之大，会增加电路功率的耗损，引发线路电压的波动、冲击机械设备与电网。因此，在设计供电系统时须增加变压器的容量，来阻止过大的启动电流对设备造成的损害。

96. 应用电动机变频技术的主要目的是什么？

答：电动机变频技术的应用以节能和调速为主要目的。交流电动机在运行中会产生不同程度的谐波电压和电流，使电动机在非正弦电压、电流下运行，高次谐波会引起电动机定子铜耗、转子铜耗、铁耗及附加损耗的增加。另外，某些工艺流程对电动机转速变化有特定需求。

以节电为目的：应选择负荷变化大（应在20%以上）的设备安装变频器；另外，其还可被应用于功率因数低的设备上。变频调速器能否实现节电是由其负载的调速特性决定的。如果设备原来采用阀门控制流量，且不是满负荷工作，那么改为调速运行后均能达到节电目的。变频调速器在这类负载中的应用，节电效果最为明显。另外，变频调速器具有软启动功能，可降低反复启动时的高启动电流，实现节能。以电动机变频技术应用于风机、水泵为例，通过电动机变频降低供电频率，改变转速，降低轴功率，实现节能。除了节约电力，使用变频调速器后机械设备的磨损大大减少，设备维修费用也会降低。

以调速为主要目的：工艺条件要求调速的需优先选用变频技术。

97. 电动机变频技术未来重点发展方向是什么？

答：电动机变频技术未来重点发展方向是智能变频节电技术的应用。智能变频节电器是具有专利技术的节能产品，是高于普通变频的特有的节电技术，变频器只是其中的核心部件之一，与普通变频器有着本质的区别。在利用变频技术的基础上，智能变频节电器还有为节能而设计的专用模块，节电器的变频模块动态程度相对于普通变频器而言较高，更加准确、精密、及时化，形成完善的动态跟踪系统；同时，利用变频器内部的功率单元，利用变频器作为有效载体实现特殊软件跟踪技术，获得比单纯变频器高出许多的节电效果。智能变频节电器所具备的功能，除了可以在不改变转速（频率）的情况下，通过检测、跟踪负载变化，优化功率输出节约电能，还可通过改变转速（频率）而实现节能。在实际使用中，电动机处于严重轻开运行状态，在这种情况下，可根据智能变频节电器的功率因数和负载率的变化，优化其功率输出，使电动机输出转矩接近风机、水泵实际需要的转矩（即电动机输出功率接近轴功率），来满足节电的需求。通过变频器内部的功率单元实现该控制方式，智能变频节电器利用变频器作为有效载体的跟踪技术，节电率与单纯变频器相比较而言至少高出50%。

98. 什么是能量梯级利用技术?

答：能量梯级利用是合理利用能量的一种方式。根据能源和资源的能量品位逐渐加以利用，实现能量的多次利用，使能量品位逐级降低到目标品位或者不能再利用为止，如高、中温蒸汽先用来发电（或用于生产工艺），低温余热用来向住宅供热。所谓能量品位的高低，是指它可转换为机械功的大小被度量。热能的品位低于机械能和电能，低温热能的品位低于高温热能。能量的梯级利用可以提高整个系统的能源利用效率，是重要的节能措施。

目前，实践能量梯级利用原理的主要技术有燃烧天然气的大型联合循环，燃煤整体煤气化联合循环与流化床燃煤流化循环，三联产（电、热、燃料气），多联产（电、热、燃料气、化工产品）等。

99. 能量梯级利用系统是如何组成的？

答： 能量（燃气）梯级利用系统主要由四部分能量的利用组成，即高温段、中温段、低温段和环境温度（图 5）。高温段热能主要通过一次能源燃烧获得，用于发电和高温热源。利用过后的高温段热能或直接获取的中温段热能可用做发电能源、工业蒸汽、制冷和制热；利用过后的中温段热能或直接获取的低温段热能可用做除湿、供热、制冷和制热；环境温度热能可用于采暖，也可用于发电，或直接排放。

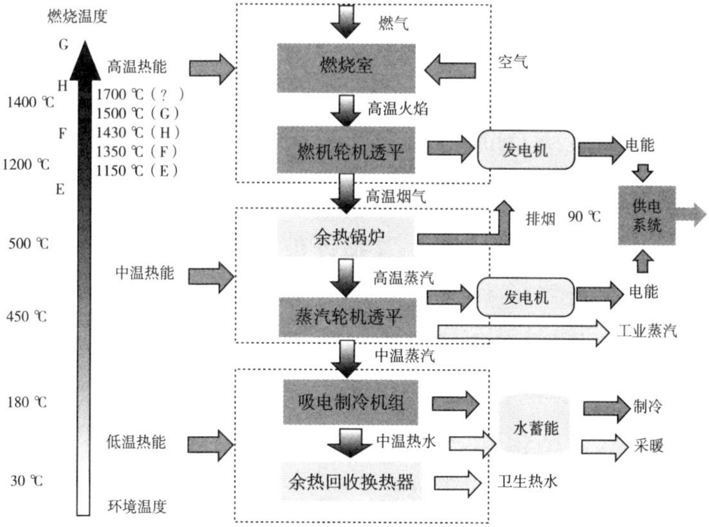

图 5　能量（燃气）梯级利用系统的工作流程

100. 对能量梯级利用系统的性能评价关键指标有哪些？

答：作为以节能为目的的能量利用系统，其目标主要有三个：得到较高的能源利用率、二氧化碳减排率及系统经济性指数。因此，设定三个主要评价指标，即能量梯级利用率、循环系统及联产系统与分产系统相比的二氧化碳减排率及经济评价指数。

能量梯级利用率：在能量梯级利用系统中，经修正和附加权重后的各子系统的能量转化效率之和。各子系统的能量转化效率是指系统各形式的能量输出（包括发电量、制冷量与供热量等）的总量与消耗的能源总量的比值。权重代表系统各种公共的能量损失，包括燃料化学能转化为热能过程中的损失及排气损失等，按各级消耗的燃料份额比例分摊到各级供能系统。

循环系统及联产系统与分产系统相比的二氧化碳减排率：主要由两部分组成，循环系统及联产系统与分产系统相比减少的一次能源消耗，带来的二氧化碳减排量；某些子系统中使用太阳能、地热、生物质能等清洁能源后，减少了燃烧化石燃料排放的二氧化碳的总量。

经济评价指数：能量梯级利用系统的经济评价主要考虑初期的一次性投资、运行费用和投资回收期等三方面。初期的一次性投资不仅包括工程和设备费用，还包括相关配套费用；运行费用主要考虑运行期燃料价格和电价；投资回收期可采用增量评价法，在同样的电、热、冷和蒸汽负荷的条件下，对能量梯级利用系统与常规方案的投入、产出进行比较，进而对投入、产出的增量进行经济分析。

101. 能量梯级利用系统适用于哪些场合?

答：基于能量梯级利用系统的集约性与综合性等特点，这一系统首先适用于高能耗工业企业，包括水泥、合金、钢材、煤炭、石灰、焦化等工业企业，可以减少能源的浪费，实现总的能源利用率达到最高水平。其次，能量梯级利用系统也可被用于有较强节能需求并且需要多种能源形式，有减少污染排放需求的工业企业，如化工、制药、造纸等工业企业，在实际应用过程中应该充分考虑用户的内外部条件，关注电、热、冷和蒸汽的负荷，设计科学可行的方案。再次，能量梯级利用系统也同样适用于电价相对较高的公共用户、有冷（热）负荷需求或有常年热水负荷需求的公共建筑、对电源供应要求较高的用户、电力接入困难的用户及需要备用发电机的用户。

对于能量梯级利用系统，应充分考虑以下几个方面。

能量梯级利用系统的客户用量需求数据和主要设计数据。对客户对电、热、冷及其他产品的需求进行核算，按照不同生产过程、季节变化、建筑特性、使用要求、安全规定，进行需求分析和计算；同时，也应考虑系统的发电量、供热量、制冷制热量这几个指标。

能量梯级利用系统的运行策略，要根据设计条件评估运行期间系统的可靠性、稳定性、应急响应能力、成本费用支出、长期盈利能力等要素，制定切实有效的长期运行策略。

102. 能量梯级利用技术未来重点发展方向是什么？

答：能量梯级利用主要包括按质用能和逐级多次利用两个方面，在不增加能源消耗的前提下，最大限度提高能源利用率。依据这一原则，在未来应着重发展可再生能源利用、多能互补的分布式能源系统及能源动力系统温室气体控制技术。

可再生能源利用：能量梯级利用多是以煤和天然气的燃烧作为高、中温段热能的来源。太阳能是一种可再生的清洁能源，已被广泛应用于供热与采暖。此外，对聚光太阳能的能势探索，使光伏发电的大规模利用成为可能。因此，未来太阳能将会成为一种重要的能量来源，也将是能量梯级利用不可或缺的组成部分。除太阳能外，利用生物质、地热、污水等可再生能源的技术也已取得很大进展。

多能互补的分布式能源系统：在天然气、柴油和煤的基础上，开发生物质、太阳能、风能、氢能、水能等多种能源。在供能端对不同类型的能源进行有机整合，提高能源利用率，减少弃风、弃光、弃水现象。在用能端对电、热、冷、气等不同能源系统进行优化耦合，同时综合考虑经济性及用户的舒适性，提供安全可靠的能源，实现能量梯级利用率最大化。

能源动力系统温室气体控制技术：在化学能梯级利用与二氧化碳的富集有机结合的基础上，发展的多能互补分布式供能、多联产系统、太阳能热动力系统及二氧化碳零排放等能源技术。

103. 能量梯级利用技术发展会给能源动力系统应用带来什么变化?

答：在现有的能量梯级利用系统的基础上，综合利用可再生能源，形成多能互补的分布式能源系统，能发挥各个子系统本来的优势，同时各种能源系统也可相互补充；这种能源的综合利用可以满足用户更多的冷、热、电、气需求，达到更优的经济性、更强的灵活性、更高的能源利用率。

随着能源动力系统温室气体控制的发展，形成了二氧化碳一体化控制理论。可结合目前的能量梯级利用系统和温室气体控制，实现二氧化碳的零排放。这不仅符合我国温室气体控制技术路线，也为我国节约了数亿吨标准煤，创造了极大的经济效益。

104. 综合能源服务给用户带来了哪些好处？

答：在我国，制造业的能源消耗量大约占总能耗的55%，能源成本仅次于人工和原材料成本，成为企业成本重要的组成部分。传统能源供应系统相对独立，电力企业、热力公司、燃气公司等能源供应商各自为战，规划、建设和运营等缺乏统一协调和优化，采取综合能源服务的方式能有效缩短能源链、降低用能和服务成本。在当前美国“页岩气革命”带来能源成本大幅度下降，积极的税费改革制度又大大减轻了企业税负的背景下，推动综合能源服务的发展，可以有效地降低大型用能企业的成本，提升企业国际竞争力。

综合能源服务涉及多种形式能源的“发、输、配、售、用”，因此用户可从多种渠道获得能源以满足用能需求；同时，运用大数据及云计算技术处理能源需求的及时响应与多种能源调配，大大提升了用户用能的可靠性与稳定性。

综合能源服务的核心是服务，坚持以客户为中心，提供优质的服务是综合能源服务的核心思想，因此客户可以得到更加多元化的优质能源服务。

105. 为什么医院适合开展综合能源服务？

答：医院的能源消耗形式包括冷、热、电、水、蒸汽、燃气、燃煤、燃油及各种医用气体。其中，主要消耗能源类型为电力及燃气，且能源消耗方式具有明显的地区性和季节性。医院各个部门所涉及的设备和系统不同，主要包括控制诊疗环境的空调系统和照明系统，提供诊疗服务的医疗设备，提供生活热水和消毒蒸汽的供热系统，提供其他服务的电梯、办公、生活、消防等系统。

医院建筑能耗由于其功能特殊性而高于其他建筑。有研究表明医院建筑能耗高于其他公共和民用建筑，是一般公共建筑的1.6～2倍。然而医院楼宇设计时普遍缺乏对智能性和节能性的考虑，且医院后勤管理普遍精细化程度低、信息系统分散，人员管理理念普遍落后，导致医院能源消耗难以降低。因此，综合能源服务的开展，应综合考虑能源消耗的各个层面，以达到节省能耗成本的目的。

106. 医院开展综合能源服务前需要收集哪些信息?

答：基本信息：床位数（个）、建筑面积（万 m^2）、是否获得节能建筑等级评定等。

能源资源现状信息：取暖方式、制冷方式、年均用水量（万 m^3）、热水获取方式、报装容量（MVA）、去年电耗总量（万 kW·h）、去年平均电价（元/kW·h）、是否具备冷热电三联供、去年燃气耗量（万 m^3）、去年燃气价格（元/m^3）等。

可开发清洁能源情况信息：是否有优质地热和水源资源、周边是否有余热资源、余热资源来源、是否可开发屋顶光伏、可开发屋顶面积（m^2）等。

用能倾向信息：经济性、舒适性、环保性、安全性。

107. 如何开展医院的综合能源服务？

答：结合医院实际情况，综合能源服务的开展应主要考虑三方面：能源供应方式，能源节约途径，能源管理的集约化。

在能源供应方式上，需要根据医院实际情况，有效地降低能源的消耗量。

（1）选择合理的冷热源方案。对一些年代久远的医院进行能源设备改造，进行冷水机组及热泵机组的更新换代；新建医院应采用较为先进的冷热源机组，如采用三联供、冰蓄冷、地源热泵、太阳能集热等系统。

（2）选择开发利用新能源及可再生能源。例如，适当选用地源热泵系统，在建筑屋顶安装太阳能集热系统。

（3）选择安装余热回收装置。由于医院全年用水量稳定且废热量大，因此可以对医院安装废水余热回收装置如污水源热泵，此外，某些医院可能存在锅炉使用年限较长、燃烧不充分、烟气温度较高（约150 ℃）等问题，可加装用于生活热水的锅炉烟气余热回收装置等，通过这些方式从根本上降低能耗。

在能源节约途径上，结合医院的自身条件，主要节能措施有以下几点。

（1）对照明系统的节能改造。使用高效的发光光源替代原有的低效光源，在节能的同时提高照度、显色度，改善照明环境。节能灯的替换可以在照度相同的情况下节电60%以上。

（2）对空调系统的节能改造。空调能耗约占医院总能耗的50%，最大可占到建筑总能耗的65%。因此，降低空调系统能耗是必不可少的节能措施。空调节能的主要技术措施可以归纳为减少冷负荷、提高制冷机组效率、利用自然冷源、减少水系统泵机的电耗、减少风机电耗、采用自然通风方法、使用智能控制系统、中央空调余热回收。

（3）节水改造。医院生活给水系统的节能可通过人工检测漏水、末端智能控制、更换节水龙头、智能软件监测等方式。同时，可在医院病房洗浴间安装节水器或节水花洒，结合配额管理节约用水。通过传感装置确认是否有人使用水龙头，以控制水龙头的开合，达到避免水浪费的目的。

在能源管理的集约化进程中，建立医院能源管理平台，可以使成本变成利润，同时使专业化、自动化得到提升。此外，通过大数据分析和云控系统，提高管理效果、实现综合节能，应用自动控制节能理念，为用户提供各种节能控制技术、能耗管理方案、节能控制方案以降低运行成本。

108. 医院的综合能源服务后期运维需要注意什么？

答： 针对医院开展的综合能源服务，后期的运维需注意以下几点。

（1）能源设备包括冷热源机组、新能源及可再生能源设备、余热回收装置、照明系统、空调系统及节水系统的保养和检查，对设备进行日常巡检、定期维护和试验、有效处理意外故障，降低系统运行的总成本，保证设备稳定和安全运行。

（2）结合医院对室内温湿度和空气质量要求高的具体情况，对空调设备进行重点检查与维护；同时，对多种专用空调设施，如手术室、MRI（核磁共振）和CT（计算机断层扫描）放射室等的专用空调设施加强保养与检查。

（3）医院的能源管理平台在运营与维护时应对医院各区域不同能源介质的用量进行统计分析，发现异常及时调查与处理，帮助医院实现能源节约。同时，应注意计算医院的能源消耗指标，帮助各职能单位进行用能分析，针对不同的条件及能源使用情况，合理安排并提升能源使用效率。

109. 为什么学校适合开展综合能源服务？

答： 学校作为公共机构的重要组成部分，在生态文明建设中发挥着示范和引领作用。其中，高校因扩招等原因开始大规模建设新校区，这使得高校的能源消耗量急剧增加。据统计全国院校的能源消耗占社会总能耗的10%，全国大学生人均能耗是全国居民人均能耗的4倍，这说明校园蕴含着巨大的节能潜力。大学校园因占地面积大，建筑物数量与种类众多，所以十分适合开展综合能源服务以建立节约型校园。

目前，高校校园能耗主要有以下特点。

（1）建筑类型多，能耗种类也多。校园不仅有教学楼、科研楼、行政办公楼等公共建筑，而且有宿舍楼等居住建筑和食堂、浴室等生活辅助建筑，建筑类型的多样化必然导致能耗种类的多样化。

（2）能耗具有明显的季节性。由于高校在1月下旬到2月中旬和7月上旬到8月下旬放寒、暑假，校园能耗会明显下降。

（3）耗能设施较单一，使用时间相对集中。高校中大部分建筑耗能设施比较陈旧、简单，而且学生的学习和生活作息具有规律性，能耗比较集中。可以就这些能源消耗特点有针对性地开展综合能源服务。

110. 学校开展综合能源服务前需要收集哪些信息？

答：基本信息：在校人数（万人）、建筑面积（万 m^2）等。

能源资源现状信息：取暖方式、制冷方式、年均用水量（万 m^3）、热水获取方式、报装容量（MVA）、去年电耗总量（万 kW·h）、去年平均电价（元/kW·h）、去年燃气耗量（万 m^3）、去年燃气价格（元/m^3）等。

可开发清洁能源情况信息：是否有优质地热和水源资源、周边是否有余热资源、余热资源来源、是否可开发屋顶光伏、可开发屋顶面积（m^2）等。

用能倾向信息：经济性、舒适性、环保性、安全性。

111. 如何开展学校的综合能源服务?

答： 目前，学校中的能源消耗以电力、燃气为主。电力主要用于照明、办公设备、空调系统，天然气主要用于热水和炊具。此外，还有汽油和柴油的消耗，其主要用途是公务用车等。水资源以学校生活用水为主。

学校综合能源服务的开展应围绕能源供应、能源节约途径、能源管理三方面。在能源供应方面，学校可以充分利用太阳能对水加热系统进行改造，积极对废气进行余热回收，同时在改善室内温度条件方面可采取地源热泵工程等方式。在能源节约途径上可以将重点放在办公设备、空调系统、照明系统和建筑围护结构的节能改造上，如安装节能灯具、节能器具，安装末端智能控制系统。此外，许多高校的空调设施为分体式，不利于统一控制和监测，可通过建立大型中央空调达到节能的目的。在能源管理方面，可以借鉴国内部分高校在校园建筑能耗上的成功经验，安装“校园节能监管系统”，通过实时采集、远程监控等智能手段对各项能耗指标进行管理；同时，学校学生和老师的文化水平与素质普遍较高，可以通过加大宣传力度，提高全体师生节能意识。

112. 学校的综合能源服务后期运维需要注意什么？

答：针对学校开展的综合能源服务，后期的运维应注意供能设备，如太阳能、地源热泵和废气回收装置的日常巡检，进行定期的维护和试验，以保证设备稳定和安全运行。此外，对于耗能设备如办公设备、空调系统和照明系统，也应注意保养和检查。

注意末端智能控制系统的检查和维护，在确保安全、稳定运营的同时将节能效果最大化。在空调系统的运营上，在过渡季节可延缓空调开启时间，尽量以电风扇取代空调，室内无人时应关闭空调电源。在“校园节能监管系统”的运营方面，应对实时数据进行统计分析，定期计算各项能源指标，以便发现能源消耗的异常情况，也为管理者提供决策依据。同时，定期进行节能宣传活动，以提高师生的节能意识，从而提高学校的节能效果。

113. 为什么商业建筑适合开展综合能源服务?

答：大型商业建筑节能是我国建筑节能的重点领域。

商业建筑与住宅建筑相比，在能耗设备、能耗量和产权结构上都有很大的区别。商业建筑能耗设备多，主要包括采暖设备、空调系统、照明系统、热水供应系统、电梯、办公设备等，其中空调系统和照明系统的能耗比重最大，主要以电力为主。这些问题适合通过综合能源服务进行解决。在产权结构方面，多数商业建筑的产权结构比较单一，如商场、酒店，这有利于综合能源服务的开展；而对于产权结构比较复杂的写字楼之类的商业建筑，统一楼内公司开展综合能源服务是比较困难的。

114. 商业建筑开展综合能源服务前需要收集哪些信息?

答：基本信息：建筑用途、建筑面积（万 m^2）、是否获得节能建筑等级评定等。

能源资源现状信息：取暖方式、制冷方式、年均用水量（万 m^3）、热水获取方式、报装容量（MVA）、去年电耗总量（万 kW·h）、去年平均电价（元/kW·h）、是否具备冷热电三联供、去年燃气耗量（万 m^3）、去年燃气价格（元/m^3）等。

可开发清洁能源情况信息：是否有优质地热和水

源资源、周边是否有余热资源、余热资源来源、是否可开发屋顶光伏、可开发屋顶面积（m^2）等。

用能倾向信息：经济性、舒适性、环保性、安全性。

115. 如何开展商业建筑的综合能源服务?

答： 由于商业建筑的特点，在开展综合能源服务时应结合两个方面：节能技术的应用，综合能源的管理。

在应用节能技术时，空调系统是主要的节能对象。针对空调节能的途径主要有两种。一种是降低建筑能耗的需求，可以通过两种方式进行。首先，开发利用可再生能源和新能源，如结合各商业建筑实际特点，将太阳能、地热能和风能作为新能源。其次，利用节能材料以增加保温隔热性能并减少太阳的直接辐射和传导。另一种是提高能耗系统效率。可以采取以下几种措施。

（1）空调采用通风和排风热回收装置。通过专门的装置进行通风换气，同时在需要的时候有效地回收排风中的热量或冷量以减少室内的冷热负荷。

（2）空调设计的选择和改进，主要考虑空调冷热负荷设计和空调水系统。根据实际情况进行调整和设计，减少空调负荷和水泵耗电量以达到节能的目的。

（3）除空调系统外，也应注意照明系统的节能。

首先，可开发利用新能源，降低能耗需要；其次，在保证照度的前提下对灯具和灯具附件如配电线和智能控制设备安装节能措施。

在进行综合能源管理时，可建立商业建筑能源管理中心或能效服务云平台等能源管理平台，基于商业建筑的实际情况，对电（照明插座、空调、动力、特殊用电）、水、集中供热、集中供冷及其他能源消耗进行实时的检测；同时，可以通过建立数据库的方式对能耗进行统计和分析，如可以通过展示各种图形的方式将大量能源数据可视化，让管理者能更加直观地了解能源使用情况，便于找出高能耗点或不合理的耗能习惯。通过数据库的历史用能数据可发现能耗特点和规律，这不仅可以为能源管理提供依据，而且可以帮助人们预测未来能耗。

116. 商业建筑的综合能源服务后期运维需要注意什么？

答：针对商业建筑综合能源服务的内容，其后期的运营维护需要注意以下几个方面。

（1）进行耗能设备（包括空调系统和照明系统）的保养和检查，对设备进行日常巡检、定期维护和试验，有效处理意外故障，降低系统运行的总成本，保证设备稳定和安全运行。

（2）对商业建筑的能源管理平台进行运营与维

护，应注意对商业建筑不同能源介质（主要是电力）的用量进行统计分析，发现异常及时调查与处理，帮助商业建筑实现能源节约；同时注意统计各项能源消耗指标，帮助管理者进行用能分析，合理安排并提升能源使用效率。

（3）重点关注商业建筑中空调系统的能耗问题。需要注意及时掌握备用冷场的实施情况，适时开关空调；注意气候变化的时间，充分利用不同季节减少能源消耗；在开机前应对冷水机组进行全面的维护，可起到好的节能效果；通过空调机房等进行集中的层分区控制；注意观察并记录机组运行的各项参数，可根据室外空气参数的变化随时对其进行调整，使机组合理运行。

117. 为什么工业企业或工业园区适合开展综合能源服务?

答：工业是国家发展的基础，同时也是国家能源消耗大户，工业能源消耗在我国能源总耗中的占比高达 70%。与其他部门的能源结构有所不同，目前化石燃料，尤其是煤炭的消耗比例很高，达到工业企业能源消耗的 50%，其主要用于热力发电和工业锅炉；电力是工业企业消耗的第二大类能源；再者是热力和燃气。这种不合理的能源结构给工业企业的节能减排造成了很大困难。另外，工业企业和工业园区拥有较为复杂的职能部门与不同的生产车间，所涉及的能源设备众多。因此，煤炭等化石能源消耗量大且能源利用效率不高的工业企业及工业园区适合开展综合能源服务，以便统一开展节能减排和提高经济效益的工作。

118. 工业企业或工业园区开展综合能源服务前需要收集哪些信息?

答：基本信息：行业、员工数量（万人）、建筑面积或占地面积（万 m^2）、园区企业数量（个）、去年企业或园区总产值等。

能源资源现状信息：取暖方式、制冷方式、蒸汽获取方式、报装容量（MVA）、是否有业扩需求、园区配网资产归属权、去年电耗总量（万 kW·h）、去年电量同比增速（%）、去年平均电价（元/kW·h）、是否参与电力直接交易、去年燃气耗量（万 m^3）、去年燃气价格（元/m^3）等。

可开发清洁能源情况信息：是否有可利用的余热余压资源、余热余压资源来源、是否有可开发地热或水源资源、是否可开发屋顶光伏、可开发屋顶面积（m^2）等。

用能倾向信息：经济性、舒适性、环保性、安全性。

119. 工业企业或工业园区的综合能源服务后期运维需要注意什么?

答: 针对工业企业或工业园区综合能源服务的内容，其后期的运营维护需要注意以下几个方面。

加强对改造或更换的工业锅炉和电动机各种机械设备与仪表的观察，确保其安全附件灵敏可靠，防止事故发生；其余耗能设备包括空调系统、照明系统、供电系统和水处理系统，也应加强保养和检查；对设备进行日常巡检、定期维护和试验，有效处理故障，降低系统运行的总成本，保证设备稳定和安全运行。

就工业企业或工业园区的能源管理平台的运营与维护应注意按用能设备、能源介质（水、电、气等）的不同对能源数据进行统计分析，发现异常及时调查与处理，同时也要对节能法规和相关标准的执行情况进行监督与检查，督促和帮助企业与园区加强节能减排管理，提高能源利用率。此外，应定时对能源审计结果进行公示，接受监督，并通过季度和年度能耗数据的对比分析及时进行工艺的进一步优化和设备的进一步改造。

在分布式光伏的管理上，注意选择适合的运营模式，如全部发电量按照光伏上网电价全部出售给电网企业的“上网电价”模式，或是“自发自用，余电上网”的模式，以达到工业企业和工业园区的经济效益最大化。

120. 如何利用大数据技术开展综合能源服务?

答: 大数据技术以互联网为手段融合能源生产、能源传输、能源储存、能源消费等环节的能量与信息流的采集、存储、监控、分析、数据挖掘(图6)。

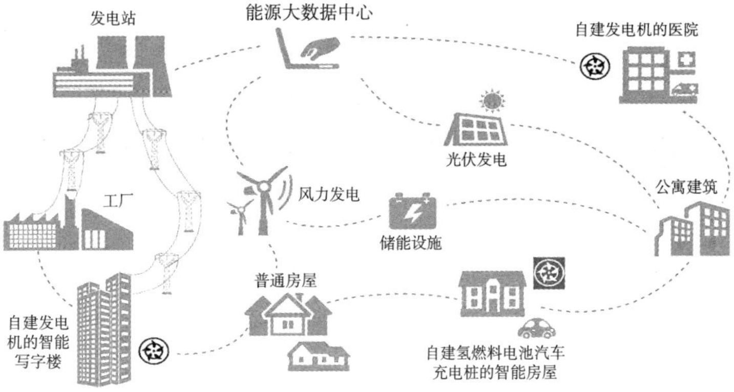

图6　大数据技术与综合能源服务

目前,云计算、大数据、物联网、移动互联网技术相对来说已经比较成熟。能源大数据有大量、多样、高速、低价值密度和真实性五大特点。数据在云计算中心被处理、归类、分析,形成各类有价值的应用,转而形成对企业、商住楼有价值的服务。

能源大数据理念是对电力、石油、燃气等能源领域数据及人口、地理、气象等其他领域数据进行综合采集、处理、分析与应用的相关思想。能源大数据不仅是大数据技术在能源领域的深入应用,也是能源生产、消费及相关技术革命与大数据理念的深度融合,将加速推进综合能源服务的产业发展及商业模式创新。

大数据从增加清洁能源供应、控制能源消费、降低能耗，到绿色建筑和智能电网建设都将发挥巨大作用。以智能电网为例。电网互联是电力系统发展的客观规律，有必要加强研发以大规模互联网的安全稳定运行技术、先进可靠的配电网与共用技术及微电网技术为主的分布式电力系统。因此，采集、分析并有效应用大数据是解决能源与公共事业关键业务和实现向智能电网转型的重要因素，可以改善分布式可再生发电的资产预报与调度状况，提高发电效率及改变客户运营模式。目前，主要发达国家纷纷着手相关研发与部署。综合能源服务中的大数据应用的主要意义在于实现能源管理智能化。例如，可以利用大数据分析天然气或其他能源的购买量、预测能源消费、管理能源用户，提高能源使用效率、降低能源使用成本等。大数据与电网的融合可组成智能电网，涉及从发电到用户的整个能源转换过程和电力输送链，主要包括智能电网基础技术、大规模新能源发电及并网技术、智能输电网技术、智能配电网技术及智能用电技术等，这是电网未来的发展方向。